# RÉINVENTER
# LA MORALE

# Martin BLAIS

# RÉINVENTER LA MORALE

ÉDUCATION ET RELIGION

1

**FIDES**

235 est, boulevard Dorchester, Montréal

Cet ouvrage a bénéficié de la subvention
du Conseil des Arts du Canada.

ISBN : 0-7755-0636-2

Numéro de la fiche de catalogue
de la Centrale des Bibliothèques — CB : 77-7408

"Entrer dans la vie morale, c'est justement
se délivrer des règles, juger par soi-même
et en définitive n'obéir qu'à soi."

**Alain**

# introduction

Avant de fixer mon choix sur ce titre, *Réinventer la morale*, j'ai dressé l'inventaire des réactions éventuelles : saugrenu, prétentieux, anachronique, provocateur, courageux. Saugrenu aux yeux qui me voient en train de réinventer le téléphone, par exemple ; prétentieux aux yeux qui me voient martel en tête à la recherche de quelque morale nouvelle, à prendre en comprimés, peut-être ; anachronique, car on emploie habituellement d'autres vocables pour désigner ce que *morale* signifiait ; provocateur, car la morale a mauvaise réputation. À mes yeux, il n'y a là qu'un peu du courage nécessaire pour ramer contre un certain courant. J'exposerai en temps et lieu mes raisons de le faire. Pour le moment, dévoilons ce que recouvre le verbe *réinventer*.

Inventeur, invention, inventer, réinventer sont des mots dérivés du latin *invenire*, qui signifie non point inventer mais trouver, au sens où la pioche minutieuse des archéologues trouve des armes, des potiches ou des bijoux. La langue parfois bizarre des avocats a conservé au mot français *inventeur* le sens de son étymologie latine. Selon certaines conditions qu'elle précise, elle affirme, à notre étonnement, que le trésor appartient à l'inventeur, c'est-à-dire à celui qui l'a trouvé. La langue ecclésiastique aussi lui a conservé ce sens : la liturgie célèbre une fête de l'*invention* de la croix du Christ, qui rappelle le jour où l'on a retrouvé cet instrument du salut des chrétiens.

Dans le langage courant, le verbe *inventer* n'a pas le sens de trouver, mais celui de créer quelque chose qui n'existait pas. En ce sens, Benjamin Franklin a inventé le paratonnerre ; Jacques Daguerre a inventé la photographie ; J.P. Eckert et J. Mauchly ont inventé l'ordinateur ; Thomas Edison a inventé le phonographe, et les médiévaux ont inventé la brouette. Ce n'est pas en ce sens que nous réinventerons la morale.

Nous la réinventerons à la manière du professeur de physique qui annoncerait à ses étudiants : « Aujourd'hui, nous allons réinventer le téléphone. » (On imagine le plus malin disant : « Monsieur, vous permettez que je donne un coup de fil ? ») Réinventer le téléphone, non seulement cela peut se faire, mais cela doit se faire. Selon un principe en or de la pédagogie médiévale, on doit enseigner comme on découvre ; on doit enseigner comme si on découvrait une seconde fois. Formulé de façon un peu plus abstraite, ce principe insiste pour que la démarche de l'enseignement reproduise en raccourci celle de la découverte.

Le professeur qui connaît son métier attire l'attention sur les faits qui ont provoqué l'éclair de génie dans l'esprit de l'inventeur ; il les aligne dans l'ordre qui conduit à l'invention ; empruntant le raccourci de l'enseignement, il écarte ceux qui éloignent du but ; au moment opportun, il présente ceux qui font figure d'objections et il institue au besoin quelques comparaisons. De cette manière-là, qui est la seule bonne manière d'enseigner, le téléphone se réinvente, la morale se réinvente, tout se réinvente.

Le professeur habile est comparable au comédien, qui se réjouit, se fâche ou se désespère aussi bien à la centième représentation qu'à la première. À le voir agir, on dirait qu'il ignore ce qu'il va dire et faire. Comédien, le maître professeur donne l'impression de découvrir en même temps que ses élèves ce qu'il leur enseigne. Le professeur malhabile, au contraire, cherche à transvaser ses connaissances comme si ses auditeurs étaient des cruches à remplir. Pour s'en moquer, on lui a collé comme devise la parole de Jésus à Cana : « Remplissez ces cruches. »

Celui qui découvre est toujours un étudiant inscrit à l'école de la nature. Ce ne sont pas les livres mais les éléphants qui recèlent tous les secrets des éléphants. On dit parfois, il est vrai, qu'on a découvert telle chose dans un livre, mais, pour parler précisément, il faudrait dire qu'on l'y a apprise, comme on apprend une nouvelle par les journaux ou la télévision. On la redécouvre dans un livre quand l'auteur l'a lui-même découverte dans la nature et qu'il fait franchir à son lecteur les étapes de sa propre découverte.

Si vous consultez une bibliothèque importante au mot *morale*, vous dénombrerez quelques dizaines de volumes dont le titre commence invariablement comme suit : « *La morale selon...* » Selon qui ? Selon Platon, Aristote, Sénèque, Thomas d'Aquin, Kant, Alain ou d'autres. Il y a danger que ces penseurs, si éminents soient-ils, ne constituent des écrans qui cachent la morale, comme les arbres empêchent de voir la forêt.

Pour redécouvrir la morale dans cette foule d'auteurs, il faut, sans négliger tout à fait l'aide que nous offrent ces respectables personnages, observer la vie humaine elle-même, dans laquelle s'enracine et s'épanouit la morale. Nous réinventerons donc la morale à partir de la vie humaine, de notre vie humaine à chacun. C'est l'attitude on ne peut plus saine de celui à qui l'on dit que la mouffette projette un liquide d'odeur infecte et qui demande à le sentir.

Aucun de nos exposés n'empruntera le ton de celui qui sait, ni ne s'appuiera sur quelque auteur qui est censé savoir.

Si Platon a dit telle chose, c'est sans doute qu'il l'a vue. Nous chercherons à voir nous aussi. C'est de la saine curiosité. Quand, à la parade du carnaval, le père dit à son fils de trois ans, submergé dans la foule : « Je vois le premier char allégorique », ce dernier, s'il n'est point congelé, veut être hissé sur les épaules de son paternel pour voir lui aussi de ses propres yeux. Nous éviterons avec soin les approches du genre suivant : « Aristote divise la justice de telle manière ; Thomas d'Aquin enseigne que... ; Karl Marx affirme que... » D'exemples vivants en exemples vivants, nous les rejoindrons chaque fois qu'ils ont lu correctement la réalité.

De la sorte, nous ferons de la philosophie morale comme il convient d'en faire. Hé oui ! de la philosophie. Le dernier des pee-wee n'est-il pas lui aussi un joueur de hockey tout comme le premier des professionnels ? La philosophie morale, comme toute philosophie, ne consiste pas à comprendre et à retenir ce que les philosophes patentés ont écrit ; elle consiste à chercher et à découvrir les secrets des *choses* et non des livres savants.

La langue de tout le monde sera notre langue de travail. Il importe peu que je comprenne l'ordonnance que mon médecin rédige à l'intention de mon pharmacien. Il suffit que mon pharmacien comprenne et me donne le bon médicament. Mais comme il n'y a pas de pharmaciens en morale, qu'on ne devient pas juste ou courageux en prenant des comprimés, il faut que le patient (chacun de nous) comprenne le langage de la morale. C'est pourquoi nous suivrons le conseil de Paul Valéry : « Entre deux mots, il faut choisir le moindre. »

D'ordinaire, l'introduction d'un traité de morale se termine par l'annonce des grandes lignes du développement qui va s'amorcer. On nous informe, par exemple, que le traité sera divisé en trois parties, chaque partie comprendra cinq chapitres. La première partie traitera de tel sujet, et les chapitres s'enchaîneront de telle et telle manière, et ainsi de suite.

Mais quand on invente ou réinvente, comme c'est notre cas, il est impossible de procéder de la sorte. En effet, on n'imagine pas un chercheur qui entre dans son laboratoire et dit à ses collaborateurs : « Aujourd'hui, nous allons découvrir la pénicilline. » Il n'en sait rien. Telle expérience suggère une autre expérience qu'il ne s'attendait pas de conduire, et, en cherchant une chose, bien souvent, il en découvre une autre qu'il ne soupçonnait pas et ne découvre pas celle qu'il cherchait.

Réinventant la morale, nous nous plaçons délibérément dans cette situation du chercheur. Le point de départ le plus humble conduit souvent à des résultats étonnants. À partir d'une pomme qu'il voit tomber, Newton en arrive à formuler les lois de la gravitation universelle. Notre pomme, à nous, sera la pomme gâtée qu'est la notion corrompue de morale.

Ceux qui savent par coeur leur alphabet, non seulement de a à z, mais à rebrousse lettres (de z à a), croiront peut-être perdre leur temps précieux dans cet a b c de la morale. Eh bien, non. Un auteur québécois, Pierre Baillargeon, a fort justement dit : « Nous savons tout, sauf les éléments. » Ce jugement s'applique aussi à la morale, surtout à la morale. Les plus ferrés en morale ressemblent souvent à de savants mathématiciens qui compteraient sur leurs doigts.

# morale,
# mot à réhabiliter

Dans la maison d'un pendu, le mot *corde* éveille des souvenirs désagréables. Dans une circonstance que j'ignore, la sagesse populaire en a fabriqué un proverbe : « Il ne faut pas parler de corde dans la maison d'un pendu. » Le mot *corde* y tient lieu de tous les mots qui peuvent ressusciter des souvenirs pénibles.

Il ne faut point parler de Dieu dans la maison d'un athée ; il ne faut point parler de maître dans la maison d'un esclave ; il ne faut point parler d'Ottawa dans la maison d'un indépendantiste ; il ne faut point parler de patron dans la maison d'un chef syndical ; il ne faut point parler de morale dans la maison d'un Québécois. Et peut-être qu'il ne faut point parler de morale dans la maison des hommes. En effet, dans *Tel quel*, Paul Valéry parle de la morale comme d'un mot « mal choisi et mal famé ».

Mal famé ? d'accord ; mal choisi ? pas sûr. Je crois plutôt qu'il est fort bien choisi et qu'en conséquence on doit le réhabiliter. Le temps en a réhabilité d'autres ; pourquoi pas celui-là aussi un jour ? Je pense à *gothique*, par exemple. À l'origine, cette épithète, dérivée du nom des barbares que furent les Goths, n'était utilisée que pour flétrir. L'équivalent québécois de *gothique*, ce serait probablement notre *sauvage*, employé comme opposé à *civilisé*. Mais à mesure que l'on a pris conscience de la valeur de l'art gothique, cette épithète a perdu sa connotation péjorative. On la prononce maintenant sans la moindre moue dédaigneuse. Réhabilitation relativement récente. En effet, Molière parlait encore des « ornements gothiques, ces monstres odieux des siècles ignorants. » Mais les pèlerins de Chartres et de la Sainte-Chapelle lui ont administré une réfutation multimillionnaire.

Le mot *socialisme* pourrait être un autre excellent exemple de réhabilitation linguistique. Pendant un bon moment, le mot *socialisme* s'est imposé pour signifier la première des deux étapes conduisant à la société communiste. La société qui s'arrachait des griffes du capitalisme rapace s'élevait à un premier échelon, le socialisme. Ainsi entendu, le socialisme fleurissait au coeur du matérialisme athée. Et le mot donnait la chair de poule aux croyants.

Par la suite, on a rouvert son dictionnaire. Il a rappelé aux croyants que le mot *socialisme* est dérivé de social ; ce dernier, de société. Ils ont alors décidé de récupérer ce mot en passe d'être confisqué par les marxistes. Le souci de l'autre, souci chrétien s'il en est, que le mot social évoque, pourquoi inventer un autre mot pour le signifier quand les mots *socialisme* et *social* l'expriment si bien ? Et les chefs religieux ont dit à leurs ouailles qu'elles pouvaient militer dans certains partis politiques dits socialistes. Car il y a plus d'une manière d'être socialiste.

Nous tenterons de montrer, en temps et lieu, que le mot *morale* va comme un gant à la chose qu'il signifie. Quand les préjugés se seront dissipés, à la lumière d'une meilleure connaissance de la morale authentique, le mot *morale* s'emploiera aussi simplement que les mots *rhinocéros*, *nénuphar* ou *stalactite*. Cette conviction n'a rien d'utopique.

Concédons, cependant, à Paul Valéry que le mot *morale* a mauvaise réputation. Et il y a à cela plusieurs bonnes raisons. En voici quelques-unes. Certains moralistes donnaient naguère l'impression que la morale se limitait à la sexualité. Point n'est besoin d'être octogénaire pour avoir en mémoire la réponse d'un calcul célèbre sur le petit nombre des élus : « Sur cent damnés, quatre-vingt-dix-neuf le sont à cause de l'impureté. » Si je me souviens bien, le centième n'était pas tout à fait propre.

Cette attitude jurait, comme on dit, dans le tableau du jugement dernier tracé par l'évangéliste Matthieu. Lorsque le Fils de l'Homme reviendra pour juger les vivants et les morts, écrit-il, toutes les nations seront assemblées devant lui. Il séparera les uns d'avec les autres, comme le berger sépare les brebis d'avec les boucs. Il placera les brebis à sa droite et les boucs à sa gauche. Alors, à ceux qui sont à droite, il dira : « Venez les bénis de mon Père, prenez possession du royaume qui vous a été préparé, car j'ai eu faim et vous m'avez donné à manger ; j'ai eu soif et vous m'avez donné à boire ; j'étais sans asile et vous m'avez accueilli ; mal vêtu, et vous m'avez couvert ; malade ou en prison et vous m'avez visité. »

Les justes sont là, bouche bée, les yeux écarquillés. Se ressaisissant après un moment, ils répondront : « Seigneur, quand est-ce qu'on vous a vu affamé et qu'on vous a nourri, assoiffé et qu'on vous a donné à boire, sans asile et qu'on vous a accueilli, mal vêtu et qu'on vous a couvert, malade ou en prison et qu'on vous a visité ? » Le Roi poursuivra : « Quand vous avez fait tout cela à l'un ou à l'autre de mes frères, les hommes, par amour pour moi, c'est à moi-même que vous l'avez fait. » Et les brebis se regarderont avec un « bê » étranglé d'étonnement. Se tournant alors vers les boucs, il reprendra son discours en le changeant de signe : venez deviendra retirez-vous ; vous m'avez, vous ne m'avez pas.

D'autres moralistes, fort nombreux, présentaient la morale comme une sorte de catalogue comportant une courte liste des choses permises et une liste interminable de choses défendues. Pourquoi celles-ci étaient défendues et celles-là permises ? ils n'en disaient rien sinon presque rien. Et la morale revêtait le caractère insupportable de l'arbitraire. L'arbitraire, c'est ce qui dépend du caprice. Et les prescriptions non accompagnées de leur justification ont tout l'air d'en dépendre.

D'autres ne distinguaient pas suffisamment la morale d'avec la religion. Ils laissaient derrière eux la fausse impression que, sans la religion, les gens n'auraient pas à porter le poids additionnel de la morale. Marqué au coin de cette confusion, leur enseignement de la religion faisait plus de place au sexe et à la drogue qu'à Jésus-Christ et à la parole de son Évangile.

D'autres, enfin, identifiaient la morale avec une morale particulière. La morale de Kant, c'est une chose ; la morale tout court en est une autre. La morale québécoise de naguère, c'est une chose ; la morale tout court, c'en est une autre. On peut rejeter une morale particulière, on peut devoir le faire parfois, sans pour autant se dépouiller de toute morale. Celui qui ne porte pas de bas nylon ne va pas nécessairement nu-pieds dans ses chaussures.

Au même endroit de l'ouvrage cité, *Tel quel*, Paul Valéry décrit la morale comme « une sorte d'art de l'inexécution des désirs, une sorte d'art de faire ce qui ne plaît pas et de ne pas faire ce qui plaît. » Si ce sont bien là les traits que présente le visage de la morale à certains d'entre nous, il faudra brutalement lui arracher ce masque de croque-mitaine et faire voir que la morale authentique ne méprise rien, ne mutile rien, ne détruit rien de ce qu'il y a dans l'homme.

Il est vrai qu'au prononcé du mot *morale* la plupart des gens se hérissent comme des porcs-épics, sortent leurs griffes comme des matous. Présentement, le mot est presque perdu de réputation. Mais il y a lieu d'espérer, comme je le disais tantôt, que le temps le réhabilitera comme il en a réhabilité bien d'autres. Il le faut, car c'est un mot bien choisi ; nous le verrons plus loin.

En attendant, certains préfèrent parler d'éthique au lieu de parler de morale. Pour moi qui parle la langue de tout le monde et non celle des philosophes, c'est bonnet blanc et blanc bonnet ; cela revient exactement au même. Le mot *morale* est formé d'un mot latin ; le mot *éthique* est formé d'un mot grec qui a le même sens. La différence est toute au niveau du tympan : le son est différent, mais la chose signifiée est la même. Situation analogue à celle des Anglais, qui disent *horse* quand les Français disent *cheval*. Deux sons, un animal.

Je n'ignore point, cependant, que certains philosophes ont introduit une distinction qu'ils qualifient de « fondamentale » entre morale et éthique. C'est leur droit le plus strict. Ils·réservent le terme *éthique* à l'échelle des valeurs et ils appellent *morale* l'art d'y grimper. Il suffit de le savoir pour les comprendre.

# le pas de la morale

Teilhard de Chardin parle du « pas de la vie » pour désigner le moment insigne où la vie est apparue dans l'univers. Non moins remarquable est le moment où la morale est née sur notre petite planète. À juste titre, nous parlerons du « pas de la morale ». La reprise de ce pas de géant se déroulera sur l'écran d'une comparaison entre les activités de l'homme, des animaux, des végétaux et des minéraux.

Le minéral et le végétal suivent aveuglément les lois de leur nature. À l'humidité, le fer rouille. Les hommes l'ont appris à leurs dépens et après ils en ont tenu compte sans lui chanter pouilles. Le chlore capricieux ne conserve ses propriétés physiques et chimiques que dans l'eau et en l'absence de lumière. Frileux, le potassium se décompose au contact de l'air. D'autres éléments sont radioactifs et exigent d'infinies précautions.

L'activité des végétaux est frappée de la même incurable cécité. Mon pommier ne décide pas de faire ou de ne pas faire des pommes ; il ne décide pas de faire des pommes, des prunes ou des pêches. Programmé comme un ordinateur, le végétal ne se pose pas de questions. Et il est inutile de lui en poser dont il n'a pas la réponse dans ses structures.

Quant à l'animal, on dit de lui qu'il obéit à son instinct. Agir par instinct, c'est poser des actes qu'on n'a pas appris à poser ; c'est les poser sans connaître le but auquel ils tendent ni la relation qui existe entre le but et les moyens mis en oeuvre. La jeune chienne qui met bas pour la première fois stupéfie l'observateur. Pourtant, sa mère ne lui a rien dit. Contrairement aux ingénieurs humains, le castor construit ses barrages sans avoir au préalable tracé des plans sur papier ni même dans sa tête.

Ce que l'animal sait par instinct, l'homme l'apprend lentement en essayant, en se trompant, en se reprenant, en demandant conseil. La jeune chienne pratique déjà à la perfection, dès la première fois, l'art de mettre bas ; le vieil accoucheur humain en a toujours à apprendre. Et il en est ainsi de toutes les actions que l'homme est appelé à poser. Il ne sait rien faire et doit, par conséquent, tout apprendre. Il ne sait faire ni la paix ni la guerre, ni une grève ni un vêtement, ni la cuisine ni une colère.

Pourquoi ? Parce qu'il est capable de réflexion, l'homme peut se demander s'il doit faire des enfants ou n'en point faire ; s'il doit protester ou se soumettre ; s'il doit manger ceci ou cela, en manger davantage ou moins ; faire une colère ou patienter. Ce pouvoir de réflexion lui confère la maîtrise de ses actes : il peut faire ou ne pas faire, faire ceci ou cela. Cette condition de l'homme, on la signifie en disant qu'il est libre, qu'il a la maîtrise de ses actes.

Contrairement aux animaux, aux végétaux et aux minéraux, l'homme doit apprendre à se conduire. Et la science qui s'est tout naturellement développée pour régler la conduite humaine a reçu le nom de morale (dérivé du latin *mos*) ou d'éthique (dérivé du grec *ethos*). La morale apparaît donc avec l'homme, qui échappe aux lois inflexibles de la nature (minéraux et végétaux) et de l'instinct (animaux). Bref, la morale est un phénomène humain, typiquement humain, strictement humain.

Le domaine de la morale coïncide avec le domaine de la liberté. En d'autres mots, il n'y a de morale que s'il y a liberté. Ou encore, la morale apparaît avec la liberté, s'estompe quand s'estompe la liberté et disparaît avec elle. Enfin, la matière de la morale, c'est l'acte libre : on fait de la morale avec des actes libres comme on fait des chaises avec du bois.

On peut en avoir contre telle morale particulière (morale chrétienne, morale kantienne, morale stoïcienne, etc.), mais détester la morale tout court, c'est envier inconsciemment le sort des animaux, des plantes ou des minéraux. Détester la morale, c'est comme détester la mort. Vaine haine, car l'homme ne saurait échapper ni à l'une ni à l'autre. Dès qu'on est un être humain, c'est-à-dire libre et maître de ses actes, on évolue dans la morale comme le poisson dans l'eau, car on est bien obligé de régler toutes ces activités dont la nature nous abandonne la responsabilité.

Il y a des gens qui se donnent des maux de tête insupportables à chercher les bornes du champ de la morale. Ils se demandent, par exemple, si l'hygiène ou la bienséance font partie de ce champ. Procéder ainsi, c'est s'engager dans un cul-de-sac. C'est chercher la queue du lion de Samson en se plaçant du bout de la gueule. C'est chercher à quel arbre appartient telle branche quand on est submergé dans le feuillage. Pour le savoir sans le moindre effort, il suffirait de descendre d'abord jusqu'à terre et de remonter ensuite le tronc : toutes les branches en sortent.

Du côté du tronc et de la racine, tout est simple et clair. Or la racine de la morale, c'est la liberté. La morale règle l'acte libre, expression synonyme d'acte humain. Chaque fois que je pose un acte humain, c'est-à-dire volontaire et libre, la morale intervient : se brosser les dents, prendre sa douche quotidienne ou hebdomadaire, faire une grève, imposer un décret, prendre des mesures de harcèlement ou des mesures anti-inflation. Le moraliste ne se soucie pas de savoir qui (diététicien, hygiéniste, économiste ou médecin) réclamera tel ou tel acte humain pour son champ particulier. Lui, le moraliste, il s'occupe de tous les actes humains, tandis que chacune des autres sciences ne s'intéresse qu'à un groupe d'actes humains qu'il lui incombe de former comme elle l'entend bien.

Aborder le problème par l'autre bout (celui des branches) en se demandant si l'hygiène, par exemple, fait partie de la morale, c'est mettre la morale sous la dépendance de l'hygiène. Si l'on décidait que l'hygiène fait partie de la morale, la morale pourrait se faire imposer des tâches qui n'ont rien à voir avec l'activité libre de l'homme. Un jour, il faudrait se demander si l'art fait partie de la morale, si la géométrie fait partie de la morale, si la médecine en fait partie, etc. Abordé sous cet angle, le problème est insoluble.

Sous l'angle de l'activité libre, tous ces faux problèmes se dissipent. Chaque fois que l'homme exerce librement son activité, il est dans la morale. Une fois, il sera en même temps dans le champ de l'hygiène, une autre fois dans celui de l'art, une autre fois dans celui de la médecine, une autre fois dans celui de l'économique, etc. Le champ de la morale coïncide parfaitement avec le champ des actes humains, c'est-à-dire des actes volontaires et libres. Aucune science particulière ne peut y ajouter quoi que ce soit ni en retrancher quoi que ce soit.

## Comment se règle un acte libre

Dans l'état actuel de la science, on ne règle pas sa croissance. Tout le monde se laisse pousser et se regarde pousser. La croissance est un événement auquel on assiste en spectateur heureux ou déçu. Dans un avenir plus ou moins rapproché, la science offrira peut-être à l'homme la possibilité de choisir sa stature. Ce sera un problème de plus à résoudre.

La nature a réglé certaines choses en moi comme dans l'animal, le végétal et le minéral. Mais, dans beaucoup d'autres cas, elle m'abandonne le soin de régler mon activité. De spectateur que j'étais, je deviens acteur. Acteur, donc responsable de ce qui va se produire. Mon boire, par exemple, n'est pas réglé comme celui du siphon ; je ne puis me laisser boire comme je me laisse croître. J'en décide moi-même et, du coup, en assume la responsabilité.

Surgit ici la question cruciale en morale : comment régler une activité qui ne l'est pas par la nature ? Le divin Platon en connaît sans doute la réponse, mais ne remuons pas tout de suite ses augustes cendres ! Interrogeons le premier venu ; interrogeons-nous nous-mêmes. Vous transportez un blessé qui gémit sur la banquette arrière. Un feu rouge vous fait signe d'arrêter. Un coup d'œil à gauche, un coup d'œil à droite, et vous le brûlez.

Spontanément, vous ne considérez pas le code de la circulation comme la règle inflexible de la conduite à tenir dans la conjoncture. La conduite à tenir vous est dictée par les circonstances ou, en d'autres termes, par les exigences de la situation dans laquelle vous vous trouvez.

Si un policier vous a vu, il vous interpellera. Vous flanquera-t-il une contravention ? je l'ignore. Mais, à supposer qu'il le fasse, vous auriez quand même la conviction d'avoir bien agi. Et il ne faudrait pas laisser entamer cette conviction. Nous aurons plus loin l'occasion de revenir sur la portée de la loi comme règle de conduite.

Nous voyons déjà que la grande loi de la conduite humaine n'est pas entièrement contenue dans les codes ; qu'elle est en partie inscrite dans les circonstances de l'action à poser ; qu'elle est suggérée par les exigences de la situation dans laquelle on se trouve.

Mais quel est donc le petit juge qui égrène les circonstances et détermine dans quelle mesure il convient de froncer les sourcils, d'élever la voix, de brandir le poing ? Les jugements que l'on porte sur la conduite des hommes nous mettent sur la bonne piste. Dans tous ces jugements, les mots *raison* et *bon sens* prennent place. Telle manière d'agir est raisonnable ou ne l'est pas, est pleine de bon sens, en a plus ou moins, ou en est dénuée. Bref, c'est devant le tribunal de la raison ou du bon sens que l'on amène les conduites à juger.

Quel que soit le reproche qu'on lui fait, l'homme, s'il a la conviction d'avoir bien agi, s'ingénie tout naturellement à prouver qu'il avait raison d'agir comme il l'a fait, que sa conduite était conforme au bon sens (nom populaire de la raison), qu'elle était dictée par le bon sens. Quand on est homme, on n'a pas d'autre choix : on se justifie spontanément en faisant appel à la raison ou au bon sens.

Si l'on reprochait au feu de brûler, il se défendrait en invoquant sa nature. Si l'on reprochait à l'eau de couler, elle nous référerait à sa nature. On n'exige pas de la pierre qui a quitté la fronde qu'elle dévie de sa trajectoire, si la tête qu'elle va fracasser est celle d'un ami au lieu d'être celle d'un loup. On ne blâme pas le saule pleureur dont les racines envahissantes obstruent le drain agricole. On ne reproche pas au chien de japper après les étrangers, mais on ne permettrait pas aux enfants de les importuner. Tel comportement, normal chez un adolescent, serait blâmable chez un adulte. Bref, pour dire d'un acte qu'il est bon ou qu'il est mauvais, il faut considérer l'agent qui l'a posé : minéral, végétal, animal ou homme. Il est bon s'il est conforme à la nature de celui qui l'a posé ; mauvais dans le cas contraire.

L'homme, comme n'importe quel autre être, agit bien quand il agit conformément à sa nature. Et ce qui caractérise la nature de l'homme, ce qui distingue la nature de l'homme d'avec les autres natures, c'est une intelligence capable de réflexion, une raison capable de peser et de soupeser. L'estomac crie famine ; la raison fait la sourde oreille. Les jambes sont épuisées ; la raison exige d'elles un effort supplémentaire. Au contraire, quand la pierre n'est plus retenue, elle tombe : il n'est pas en son pouvoir d'attendre que la tête du loup soit au point d'impact.

On admet facilement qu'un acte est bon quand il est conforme à la nature de celui qui l'a posé. On admet aussi facilement que l'homme agit bien quand il agit conformément à sa nature. Les objections se lèvent quand on précise qu'agir selon sa nature, pour l'homme, c'est agir conformément à sa raison.

On rétorque fort à propos que la raison n'est pas toute la nature de l'homme. L'homme est doué de raison, d'accord, mais il a un corps, une sensibilité, des passions. En lui demandant d'agir selon sa raison, on a l'impression qu'il doit laisser tomber bien des choses auxquelles il tient. On a l'impression qu'on lui demande de vivre comme un ange. Et l'on se surprend à calculer les conséquences de l'avertissement de Pascal : « Qui veut faire l'ange fait la bête. »

C'est un cas où il est opportun de rappeler un mot célèbre : « Il va sans dire, mais il va encore mieux en le disant. » En disant que la raison ne règle pas le manger sans tenir compte de l'estomac. Il est pour elle un témoin dont elle prend consciencieusement note de la déposition. Mais comme il ignore beaucoup de choses, elle se réserve la décision finale. L'estomac ignore que je vais prendre le volant dans un moment ; il ignore que le feu va être sous contrôle dans quelques heures (pompier, je le laisse crier).

Personne n'admettrait, à bien y penser, que l'on dise qu'il faut régler son manger sur son estomac ; ni qu'il faut le régler en l'absence de son estomac. Il faut le régler par sa raison mais avec son estomac. Le « ni ange ni bête » de Pascal, c'est ça. L'ange, c'est la raison qui ignore le corps et la sensibilité ; la bête, c'est l'estomac, les jambes ou le sexe qui prennent le contrôle de la vie.

La raison qui gouverne doit gouverner pour le bien de l'homme tout entier : corps et âme, intelligence et sensibilité.

La raison pourvoira comme il se doit aux besoins du corps si la sensibilité les lui dévoile. Si elle dévie du côté de l'excès, elle déclarera des besoins factices ; si elle dévie du côté du défaut, elle taira des besoins réels.

C'est ainsi qu'on voit parfois échouer de beaux programmes, mais qui avaient été conçus dans l'abstrait. Parfaitement rationnels, mais seulement rationnels. Venue l'heure de leur réalisation, le corps proteste : on avait mal prévu son boire, son manger, son sommeil. Programmes pour chevaux, qui dorment debout. Ou bien c'est la sensibilité qui proteste : on avait mal prévu ou pas prévu du tout l'influence du bruit, de la couleur ou de toute autre chose qui choque la sensibilité.

Nous avons vu que l'action libre se règle au tribunal de la raison, en présence de toutes les circonstances comme d'autant de témoins. Mais les circonstances ne sont pas seules à entrer en ligne de compte. Les circonstances d'une action sont comparables à la forme, aux dimensions, au poids et à la couleur d'une table. Avant de passer à l'examen des circonstances, il faut d'abord se prononcer sur la nécessité ou du moins l'utilité de fabriquer une table.

Avant d'examiner les circonstances d'une action à poser, la raison doit d'abord se demander si l'action convient à l'homme. S'il convient à l'homme de se marier, de divorcer, de fumer, de faire la guerre, etc. Dans le cas d'un jugement favorable, il faut ensuite examiner dans quelles circonstances l'action a ses meilleures chances de succès.

De même que le juge se prononce non point arbitrairement mais à partir des lois en vigueur, ainsi la raison se prononce à partir des exigences de la nature humaine. À ses yeux, convient à l'homme ce qui est conforme à la nature de l'homme et vers quoi l'homme est incliné naturellement. Comment en arriverions-nous à convaincre un homme que ce qu'il aime et désire spontanément ne lui convient pas?

À la lumière de ce qui est naturellement bon pour l'homme, la raison s'engage dans le labyrinthe des circonstances. Il est naturel et bon de manger ; l'union des sexes est naturelle et bonne, mais pas dans n'importe quelles circonstances. La nature ne pouvait pas prévoir toutes les inventions de l'art culinaire ni toutes les ressources de la volupté.

Pour que l'action à poser soit bonne, la raison doit prononcer un premier jugement sur la conformité de cette action avec la nature humaine ; elle doit ensuite prononcer d'autres jugements sur les circonstances qui viennent l'entourer ; elle doit enfin prendre ses distances par rapport aux codes. S'il n'y a pas de circonstances qui rendent bonne une action essentiellement mauvaise, il y en a, par contre, qui rendent mauvaise une action bonne. Quant aux codes, même les plus parfaits laissent quelque chose au bon sens, comme on dit qu'il faut laisser quelque chose au hasard.

Ceci dit, il faut se garder de confondre l'inclination naturelle, qui intéresse la morale, avec la coutume ou l'habitude, qui ne se prive pas de mêler les cartes. Elles se ressemblent comme des jumeaux identiques. Pascal a pris un malin plaisir à embrouiller les choses : « La coutume est notre nature. Qu'est-ce que nos principes naturels, sinon nos principes accoutumés? Une différente coutume donnera d'autres principes naturels, cela se voit par expérience. J'ai grand'peur que cette nature ne soit elle-même qu'une première coutume, comme la coutume est une première nature » (*Pensées*, nn. 89, 92, 93).

Pascal exagère sans doute un brin, mais il nous force à scruter une distinction qu'il serait malheureux de prendre comme allant de soi. D'une certaine manière, la coutume devient effectivement une seconde nature et engendre une inclination semblable à l'inclination naturelle. Par la force de la coutume, on peut répugner autant à manger de la chair de vache qu'on incline à manger par la force de l'inclination naturelle.

Le danger de prendre les habitudes pour des inclinations naturelles doit nous tenir en éveil. La morale authentique exige qu'on remette périodiquement en question ses inclinations à agir, afin de s'assurer qu'elles viennent bien de la nature et non de la coutume ou de la simple habitude. La morale a sans cesse besoin d'être épurée, sinon elle s'alourdit d'innombrables usages qui n'ont plus leur raison d'être. Dans le domaine de la morale, l'accessoire se mêle facilement à l'essentiel.

C'est ici le lieu de montrer, contre Paul Valéry (quelle prétention ce serait de ma part si l'erreur n'était point humaine !) de montrer, dis-je, que le mot *morale* est fort bien choisi. Il fallait lui concéder qu'il est mal famé, mais non point qu'il est mal choisi. *Morale* vient du petit mot latin *mos*, qui a deux sens : a) inclination naturelle à agir (inclination à manger, à boire, etc.) ; b) coutume, habitude (communion sur la langue, bénédiction du lit conjugal au Moyen Âge, etc.).

Le nom de morale a été dérivé de *mos* non point au sens où *mos* signifie coutume, habitude, mais au sens où il signifie « inclination naturelle à faire quelque chose ». Puisque la morale a pour mission d'apprendre à l'homme à régler ses inclinations naturelles à agir, le mot est fort bien choisi. Aussi bien choisi que le mot *iode,* qui signifie étymologiquement violet ou que le mot *muscle,* qui signifie étymologiquement petite souris.

# 3

# inventaire provisoire

Puisque l'homme pense tout naturellement que ce qui est normal pour lui, c'est de vivre conformément aux inclinations de sa nature, il vivra mieux dans la mesure où il connaîtra davantage cette nature et ses inclinations. Pour dresser un chien avec succès, il faut connaître la psychologie du chien ; pour dresser un lion, il faut connaître le caractère du lion. Un excellent dresseur de lion peut échouer avec un chien. De même, pour développer un homme, il faut connaître les replis de sa nature.

Notre inventaire des inclinations naturelles restera provisoire, c'est-à-dire susceptible d'amélioration, sujet à correction. En effet, l'homme n'a pas la transparence du triangle euclidien. Ce triangle n'a plus de secrets, tandis que l'homme est toujours un mystère. Voilà plus de deux mille ans, Socrate, le fondateur de la philosophie morale, ne cessait de répéter : « Connais-toi toi-même. » Ce programme, personne ne l'a encore assimilé. Aussi, Alexis Carrel n'hésitait-il pas à titrer, il y a moins de cinquante ans : *L'homme, cet inconnu.*

Cette situation est fort embarrassante pour les moralistes, dont le métier est de dicter les règles de la bonne conduite humaine. La technique du dressage des animaux a changé à mesure que progressait la connaissance du caractère de chacun. De même, les règles de la conduite humaine doivent évoluer avec les progrès de la connaissance de l'homme.

Certains professeurs de morale tirent prétexte de cette situation inconfortable de leur discipline pour refuser de l'enseigner. « La morale a changé, elle changera. Quelle morale vais-je vous enseigner? » disent-ils. C'est assez gros comme sophisme. Aussi, la vie, plus logique que le langage, leur inflige-t-elle quotidiennement une réfutation accablante. Pour mettre leur vie au diapason de leur langage, ils devraient cesser de manger puisqu'on ne mange pas comme on mangeait jadis ni comme on mangera bientôt. Cependant, ils mangent comme ils croient raisonnable de le faire dans l'état actuel de leurs connaissances. La morale n'en demande pas davantage.

Naguère, on imposait la peine de mort pour certains crimes. On disposait d'arguments pour la justifier. Maintenant, on l'impose de moins en moins. On a découvert de nouveaux arguments qui la proscrivent. Les circonstances changeant, il est possible qu'on juge opportun de la réintroduire un jour. Il en est ainsi dans n'importe quel autre secteur de la vie humaine. Il y a des choses que l'on faisait, les croyant bonnes pour l'homme, mais que l'on ne fait plus ; il y en a d'autres que l'on fait et que l'on abandonnera. C'est le lot étonnant de la morale.

Les professeurs qui n'acceptent d'enseigner que ce qui ne changera pas doivent s'en tenir aux principes généraux de la morale ou tout simplement passer à la géométrie. En géométrie, rien ne change : la somme des angles intérieurs du triangle euclidien est encore et sera toujours égale à cent quatre-vingts degrés ; le carré de l'hypothénuse du triangle rectangle sera toujours égal à la somme des carrés des deux autres côtés ; la surface d'un triangle s'obtiendra toujours par la même formule : base par hauteur sur deux. (S'il est à nouveau fait appel à la géométrie, disons une fois pour toutes qu'il s'agira toujours de celle d'Euclide, notre aîné de vingt-trois siècles.)

Malheureusement pour ceux qui voudraient que la morale soit claire et nette comme une géométrie, les inclinations naturelles ne sont nulle part gravées sur des tables de pierre, comme l'étaient les commandements remis par Dieu à Moïse. La liste complète et définitive de ce qui est conforme à la nature humaine et l'autre liste de ce qui lui est contraire n'existent nulle part.

S'il est facile de faire l'unanimité sur certaines inclinations naturelles plus tapageuses, d'autres plus discrètes ne se laissent pas facilement dénicher dans « l'homme, cet inconnu ». De plus, s'il est facile de faire l'unanimité sur le caractère naturel de l'inclination à manger ou de l'inclination d'un sexe vers l'autre, la morale ne peut la faire sans l'aide d'autres sciences, quand il s'agit de débattre la convenance ou la disconvenance de tel aliment, ou de tels caractères en vue du mariage.

L'inclination à manger, en effet, s'exerce sur des plats déterminés : ragoût, fèves au lard, foie gras, crêpes, etc. Les problèmes touchant cette inclination ne sont pas résolus le jour où l'on a reconnu le caractère naturel de l'inclination à manger. Ils commencent plutôt ce jour-là. Il en est de même pour l'inclination d'un sexe vers l'autre. Les Anciens avaient beau parler du sexe comme d'un petit animal séparé, c'est-à-dire jusqu'à un certain point indépendant de nous, il reste que nous ne le rejoignons jamais sans tomber dans les pattes d'un gros animal, dont les qualités et les défauts suscitent des problèmes. L'exercice de cette inclination d'un sexe vers l'autre soulèvera mille autres problèmes : problème du contrôle des naissances, problème de l'avortement, problème de l'amour libre, etc.

Le champ de la recherche est évidemment trop vaste, la vie humaine trop courte et l'intelligence trop faible pour qu'un seul homme mène à terme une telle entreprise. Le moraliste, qui vise à régler l'action humaine, doit forcément partager le travail avec d'autres. Certains s'en tiennent au domaine explorable par les seules forces de la raison alimentée par l'expérience que tout homme possède. Ce travail peut s'exécuter dans la salle de cours et dans la cellule du penseur.

Mais il arrive un moment où il faut passer au laboratoire et faire des expériences. Mille sujets s'offrent alors à la recherche. Les uns vont conduire leurs recherches sur le tabac, d'autres sur la drogue, d'autres sur le bruit, etc. Toutes leurs découvertes sont nécessaires à la bonne conduite de la vie.

En faisant appel à notre expérience intime, à notre connaissance des hommes avec qui nous vivons et aux conclusions des sciences de l'homme, essayons de dresser cet inventaire provisoire des inclinations naturelles que nous avons promis au début de ce chapitre.

Personne ne conteste que les inclinations à boire, à manger et à dormir ne soient naturelles. Personne ne conteste qu'elles soient des besoins tyranniques. Certaines expériences ont bien été tentées pour modifier le rythme du sommeil : dormir douze heures sur quarante-huit au lieu de huit sur vingt-quatre, ou d'autres formules du genre, mais personne n'a songé à maintenir l'homme toujours éveillé comme le poisson ou à le faire dormir debout comme le cheval.

Le domaine de l'alimentation est un secteur privilégié d'expériences de toutes sortes. Pour s'arracher à l'esclavage des trois repas quotidiens, certains en réduisent le nombre à deux, voire à un seul. D'autres croient qu'il serait naturel à l'homme de ne manger que des aliments crus comme les animaux. Va pour les fruits et les légumes, mais la viande? Pour simplifier encore un peu son existence, le cynique Diogène, l'homme du tonneau, a voulu s'habituer à manger sa viande crue, comme les animaux. Il a abandonné, devant s'avouer moins chien qu'il ne le pensait. Certains ascètes mangeaient en pleurant sur cet acte animal, mais aucun d'eux n'a songé à s'habituer à ne pas manger du tout. Le besoin de manger est tyrannique. La seule issue des grèves de la faim, c'est la mort.

Quant au besoin de boire, il est encore plus despotique que celui de manger. La mort intervient après quelques jours seulement de privation de boisson, tandis qu'elle promet des semaines à celui qui est privé de nourriture. Dans le domaine du boire, comme dans celui du manger, les discussions ne portent pas sur la nécessité de satisfaire ce besoin, mais sur la manière de le satisfaire : par l'eau, par le lait, par le vin ou par la bière? Les admirateurs des animaux ne voient que deux boissons naturelles : l'eau et le lait. D'autres considèrent le vin comme le lait des vieillards, sinon des adultes. Les ascètes, qui traitaient d'âne leur corps, ne lui servaient que de l'eau, et encore seulement quand il avait la langue complètement desséchée.

Ce serait de l'hypocrisie de ne pas passer de la faim, de la soif et du sommeil à l'inclination sexuelle. On ne disserte pas sur l'existence ni sur la force de cette inclination : chacun fait en soi l'expérience de l'une et de l'autre et les constate autour de soi. Des expériences passionnantes (mais souvent cruelles) ont été pratiquées à ce sujet sur les animaux. Les conclusions ne valent pas nécessairement pour l'homme, mais elles lui offrent une ample matière à réflexion.

Des coqs tenus isolés des poules et à jeun pendant plusieurs jours ont satisfait, au moment de leur libération, leur appétit sexuel avant leur faim. Des expérimentateurs décidément cruels ont coupé ou brûlé des membres de crapauds mâles pendant leur étreinte, et les batraciens n'ont pas lâché prise. Chez ces animaux, et chez bien d'autres, la force de l'appétit sexuel l'emporte sur la faim et la soif.

Pour être également fort, chez l'homme, il semble que l'appétit sexuel soit davantage sous contrôle. D'autres valeurs, inconnues des animaux, le sollicitent et le distraient. Si l'histoire du célibat relate d'innombrables échecs, elle révèle aussi de nombreuses et remarquables réussites. Pour se consacrer corps et âme à des tâches religieuses, scientifiques ou artistiques,

beaucoup de femmes et d'hommes aussi ont opté pour un célibat dont ils ont respecté convenablement les exigences.

Les étreintes humaines ne résisteraient pas à la brûlure d'u-
ne cigarette. L'homme mourant de soif dans le désert penche-
rait la cruche d'eau avant de se pencher sur son sauveteur fé-
minin. À jeun depuis plusieurs jours, il avalerait un steak avant
de satisfaire son désir sexuel. Il sait bien que l'un n'empêche
pas l'autre. Ce n'est au fond que partie remise, car il sait calculer.

Il reste, cependant, que nous tenons déjà les deux instincts
fondamentaux de l'homme aussi bien que de l'animal : conser-
vation de l'individu, reproduction de l'espèce. Personne ne résiste au premier : l'homme veut vivre, et pour vivre, il doit au
moins manger, boire et dormir. Sous certains climats, il peut
vivre sans vêtements et même sans abri bien compliqué. Mais,
parce qu'il voit plus loin que son nez, l'homme résiste à son
appétit sexuel. Les petits des hommes sont un fardeau plus
lourd que les petits des animaux. Ne voulant pas renoncer au
vif plaisir que procure l'activité sexuelle, l'homme ingénieux
s'est appliqué à inventer des moyens de prendre le plaisir sans
toucher au fardeau.

La nécessité de propager l'espèce humaine ne presse pas
chacun d'entre nous comme le presse la nécessité de se conserver soi-même par le boire et le manger. Cette nécessité est
un besoin de l'espèce et non de chaque individu. Une espèce
dont les individus meurent doit se reproduire ou disparaître.
La mort et la génération sont deux pignons engrenés l'un dans
l'autre. Dans l'hypothèse où l'espèce veut se perpétuer, le pi-
gnon de la mort tournant, celui de la génération doit tourner
également.

Aux inclinations que nous avons distinguées vient s'ajouter
l'inclination à rechercher la compagnie de ses semblables.
Aussi loin que l'on remonte dans le temps, les hommes ont
vécu en groupe et non dans l'isolement. Ils l'ont fait et le font

encore par nécessité. L'homme a besoin de nourriture, de remèdes, de vêtements, d'outils de toutes sortes, de gîte, de moyens de locomotion, etc.

Les hommes ont vite compris que les produits sont plus abondants et de meilleure qualité quand chacun se spécialise dans un métier conforme, autant que possible, à ses aptitudes et à ses goûts. La société était née. Née du besoin de choses variées, que la société promettait abondantes et de bonne qualité.

Mais il est un besoin plus subtil qui aurait poussé l'homme dans les bras de ses semblables, indépendamment du besoin de nourriture, de vêtements, de remèdes, c'est le besoin d'amitié. Un homme normal, dit Aristote, ne tolérerait pas une vie comblée de tous les biens, mais dépourvue d'amis. L'homme a besoin des mains des autres pour se procurer de bonnes chaussures, mais il a besoin davantage de leurs oreilles. Dans certaines circonstances, le besoin de parler à quelqu'un devient un besoin aussi vital que le besoin de dormir ou de manger.

Autour de l'inclination à vivre en société gravitent quelques satellites. Qui a besoin de l'autre cherche à plaire à l'autre, spontanément, naturellement. Le pêcheur choisit avec soin sa mouche ; le trappeur, son appât. (Il est intéressant de noter que le mot *appas*, qui désigne les charmes de la femme, vient lui aussi du verbe appâter.) Ce que la nature a ébauché, l'art vient le parfaire.

Et le désir de plaire a donné naissance à la politesse, à la couture, à la mode, à la coiffure, à la parure, aux produits de beauté, aux parfums, et j'en passe sans doute. Et voilà autant de domaines où la morale devra chercher la mesure qui convient. La nature farde les pommes, elle parfume les fleurs, elle habille les bêtes. Les hommes s'adonnent aux mêmes arts suivant une inclination que la nature leur laisse le soin de régler.

Quand il a réussi à plaire, quand il a séduit, l'homme parle de ses conquêtes. Le terme est emprunté à l'art militaire pour souligner que la conquête des cœurs utilise un art semblable. La route des cœurs est souvent semée d'obstacles ; les coeurs ne sont point des places publiques : ils sont gardés par des ennemis à renverser. Sans instinct guerrier, l'homme resterait isolé dans sa timidité. On parle maintenant d'agressivité, mais c'est toujours pour dévoiler le côté belliqueux de notre nature.

Le besoin crée l'outil. La nécessité de guerroyer crée les armes. Or l'homme n'a point le bouclier de la tortue, ni le lance-flamme de la mouffette, ni les baïonnettes du taureau. Un instinct technique sert ce nouveau besoin. L'homme est aussi naturellement technicien, artisan et artiste que sociable, agressif ou altéré. L'homme vit d'art, c'est manifeste : art culinaire, art vestimentaire, art médical, etc. Et il est aussi spontanément incliné à créer artistiquement ou techniquement qu'il est incliné à vivre.

L'homme amoureux, militaire, artiste est également curieux. Il a besoin de savoir comme il a besoin de boire. L'imagination poétique a inventé la « soif de connaître ». Connaître non seulement ce qui est utile (comme les causes du cancer et ses remèdes), mais connaître pour le plaisir de la chose. Apprendre ce qu'elle ignore est agréable à l'intelligence comme écouter de la musique est agréable à l'oreille.

Les choses vont maintenant se compliquer, et elles doivent se compliquer. Les inclinations naturelles à notre espèce (l'espèce humaine) sont incarnées dans des individus que la nature n'a pas produits en série. À côté des inclinations naturelles de l'espèce apparaissent les inclinations naturelles des individus. Tel tempérament incline vers un mode de vie qui fait appel au dévouement, tel autre au courage, tel autre à la patience, tel autre à une autre qualité.

L'immense majorité, selon toute apparence, est bien dans les bras d'une personne du sexe opposé ; nombreux, quand même, sont ceux qui se disent bien dans les bras d'une personne du même sexe. Situation anormale ? contre nature ? Ce n'est pas simple du tout. Rappelons d'abord que le normal et l'anormal ne se décident pas par référendum. Ajoutons ensuite que ce n'est pas la morale mais la science qui peut trancher la question. Il est possible que certains hommes, de par leur complexion naturelle, soient inclinés vers les êtres du même sexe. Si tel était le cas, le respect de la morale pour la nature ne devrait point se cabrer.

Il reste une dimension de l'homme qu'il est plus difficile de rattacher à quelque inclination naturelle : c'est la dimension religieuse. L'homme est-il naturellement religieux comme nous avons vu qu'il était amoureux, militaire, artiste ? L'inclination naturelle correspond à un besoin : besoin de nourriture, besoin de sommeil, besoin de l'autre, etc. Certains besoins s'imposent de façon despotique ; d'autres se laissent plus difficilement saisir. Si donc l'homme est immortel, s'il existe un au-delà où il jouira en Dieu d'un bonheur parfait et éternel, il va de soi que l'homme a besoin de Dieu. Mais l'inclination correspondante prend la forme d'une inclination à un bonheur dont l'homme ignore en quoi il consiste en dernière analyse. On pourrait dire que l'homme à la recherche de son bonheur tend à Dieu, comme la matière, en se complexifiant, tend à penser. De ce point de vue, il est tout à fait conforme à la nature de l'homme d'être religieux, de tendre vers Dieu.

S'il fallait terminer l'inventaire des inclinations naturelles avant d'aller plus avant, nous n'en arriverions jamais à comprendre ce qu'est la morale, ce qu'elle exige de nous et des moralistes. Tant que la nature humaine n'aura pas livré son dernier secret à un biologiste, à un psychologue ou à un philosophe, la liste des inclinations naturelles restera ouverte et provisoire : susceptible d'améliorations, sujette à corrections.

Mais l'homme n'attend pas sa dernière inclination naturelle, comme un taxi son dernier passager, pour s'embarquer sur la mer agitée de la morale. La première le pousse au large de la morale. Dès qu'un homme parle, boit, se met en colère, les problèmes moraux se posent à lui. L'homme ne boit pas selon la loi qui remplit les mares ; son débit n'est point réglé comme celui d'un ruban magnétique ; ses colères ne sont point déterminées comme celles de la foudre.

De ces considérations, on peut dégager les quelques idées fondamentales suivantes. D'abord, c'est dans la mesure où l'on connaît la nature de l'homme qu'on est à même de lui indiquer des règles de conduite ; en d'autres termes, de lui proposer une morale. Et dans la mesure où l'on ignore la nature de l'homme, les règles de conduite qu'on lui proposera seront sujettes à changement. La morale changera. Il ne faut pas hésiter à le dire. La morale n'est pas une mathématique : ce qui semblait bon deviendra mauvais, ce qui semblait mauvais deviendra bon. Les moralistes qui s'en attristent n'ont qu'à se faire géomètres, on l'a dit.

Vouloir maintenir à tout prix des règles de conduite qui ne cadrent plus avec les progrès de la connaissance sans cesse croissante de l'homme, c'est de la bêtise. Or nous assistons, grâce aux découvertes de la biologie et de la psychologie, à une véritable révolution dans la connaissance scientifique de l'homme. La morale qui n'évolue pas au rythme de ces découvertes est forcément qualifiée d'inhumaine. Le code continue d'être la règle de la conduite alors qu'il n'est plus le reflet de la nature de l'homme.

C'est devant semblable aberration qu'on a protesté fort justement : l'homme n'est pas fait pour la morale, mais la morale pour l'homme. Le pied n'est pas fait pour le soulier, mais le soulier pour le pied : le soulier doit être ajusté au pied et non le pied se loger comme il peut dans un soulier fabriqué en son absence. La morale doit se modeler d'abord sur l'homme pour que l'homme s'épanouisse en se conformant ensuite à la morale. Quand la connaissance de l'homme progresse, la morale doit s'ajuster.

Répétons-le, il n'y a rien d'arbitraire dans la morale authentique. Elle s'élabore à l'écoute de la nature humaine, et les règles de conduite qu'elle formule et propose ne font que monnayer les aspirations de la nature humaine en quête de son bien, de la perfection de son bien et, conséquemment, de son bonheur. Toute règle de conduite qui empêche un homme de s'épanouir selon quelque dimension de l'homme authentique est proprement immorale.

Car la vraie morale ne trahit aucune des dimensions de l'homme ; elle ne détruit rien, ne mutile rien, n'ignore rien de ce qu'il y a dans l'homme. On la définit correctement comme la science de ce que l'homme doit faire à la lumière de ce qu'il est. La morale authentique est écrite sous la dictée des besoins et des aspirations de l'homme. Elle n'est pas renoncement et mortification ; elle est épanouissement et plénitude. À moins qu'on parle du renoncement à deux milliards de femmes de l'homme qui s'attache par les liens du mariage à celle dont il est fou.

Elle n'a rien d'arbitraire, et si elle semble s'imposer du dehors, c'est dans un second temps. Dans son premier temps, elle est modelée sur l'homme, comme un vêtement fait sur mesure. Quand on s'y conforme, par la suite, elle ne devient pas plus tyrannique, arbitraire ou impériale, que le vêtement fait sur mesure ne devient un prêt-à-porter la deuxième fois qu'on l'enfile.

Quand on pense aux mystères encore insondés de la nature humaine et aux innombrables problèmes que pose chacune des inclinations ci-dessus dénombrées, on imagine aisément que le programme de la morale connaîtra dans l'avenir de l'homme de nombreuses éditions revues et corrigées. Impossible d'attendre, malheureusement : la vie ne s'ajourne pas comme un procès. Il faut vivre conformément aux connaissances actuelles de la nature humaine. La morale n'en demande pas davantage.

# 4

# bien moral
# et bien réel

Sur les routes de la morale, l'homme actuel ressemble au « besacier » de La Fontaine : dans la poche de derrière, quelques principes d'autant plus certains qu'ils sont moins utiles pour régler l'action concrète ; dans la poche de devant, mille et une questions sans réponses définitives sur les gestes à poser.

Mais la vie ne peut attendre. L'homme boit, mange, dort ; il condamne à la prison, voire à la peine capitale ; il pratique l'avortement ; il prononce des divorces ; il use de violence ; il s'empiffre pendant que d'autres meurent de faim ; il déserte les églises et s'entasse dans les centres sportifs.

Pour savoir comment il fonctionne, il suffit de lui demander, par exemple, pourquoi il court son kilomètre chaque matin ? pourquoi il ne fume plus ? pourquoi il descend dans la rue ? Invariablement, il répondra que c'est pour améliorer sa condition. Améliorer, c'est rendre meilleur. *Meilleur*, c'est le comparatif de supériorité de *bon*. C'est donc le bien, son bien, que l'homme cherche, au meilleur de sa connaissance, dans chacun des gestes qu'il pose.

Et la notion de bien s'élève ainsi comme un soleil dans le ciel de l'activité humaine. Soleil bizarre, puisqu'il est accompagné d'une ombre, le mal. Mais, pour beaucoup de gens, les notions de bien et de mal figurent parmi celles qui font sourire. Le 7 janvier 1976, la télévision nous permettait d'assister à des commentaires sur les propos tenus par le Premier ministre Trudeau à l'occasion du nouvel an. Un membre de l'équipe commentatrice les résumait comme suit, sur un ton moqueur : « C'est un appel à la vertu ; une invitation à faire le bien et à éviter le mal. »

Dans l'état actuel des choses québécoises, ce comportement n'a rien qui doive étonner. Un auteur bien connu de chez nous a cru devoir écrire dans l'un de ses livres : « L'establishment de la morale comme science du bien et du mal est le plus assis de tous les establishments. » Je ne vois pas qu'il s'apprête à se lever bientôt.

L'épithète *bon* et le substantif *bien* continuent et continueront de courir sur toutes les lèvres à toute heure du jour et de la nuit. Tout le monde parle d'un bon médicament, d'un bon outil, d'une bonne route, d'une bonne mesure, d'un bon conseil, etc. Pour une raison particulière, chacune de ces choses est qualifiée de bonne : le médicament, parce qu'il soulage la maladie ; le conseil, parce qu'il aide à atteindre la fin poursuivie et ainsi de suite. Bref, le bien n'est pas malin du tout.

Remarquons tout de suite qu'il est impossible de dire d'une chose ou d'une action qu'elles sont bonnes ni qu'elles sont mauvaises si on en ignore l'usage ou la fin. Tel outil est bon pour couper, mauvais pour creuser. Si on veut envenimer le conflit, tel geste est excellent ; il est mauvais si on veut y mettre un terme. Excellent repas pour un cheval, mauvais pour un homme. Caresse pour un éléphant, châtiment pour la bien-aimée.

C'est pourquoi on définit correctement le bien en disant qu'il est « ce qui convient ». Est bon pour une chose, pour un végétal, pour un animal ou pour un homme, ce qui convient à cette chose, à ce végétal, à cet animal ou à cet homme. Est mauvais, ce qui ne convient pas. Pour savoir ce qui convient à l'homme (ce qui est bon pour lui) ; pour savoir ce qui ne lui convient pas (ce qui est mauvais pour lui), il faut le connaître. Nous l'avons dit et répété. Il est indéniable que la notion de bien est la plus sympathique des notions. Le bien ne me veut que du bien ; il ne veut que mon bien !

Si l'on ne parlait plus de la morale comme science du bien et du mal, l'homme ne cesserait pas pour autant de rechercher en tout et toujours ce qui lui convient, c'est-à-dire ce qui est bon pour lui. Tout ce que l'homme fait, il le fait attiré par quelque chose qui lui apparaît (sans l'être nécessairement, car il peut se tromper) comme un bien pour lui. « Tous les hommes recherchent d'être heureux, écrit Pascal ; cela est sans exception », même pas de « ceux qui vont se pendre. »

Il est manifeste que la raison humaine peut se tromper et s'est effectivement trompée bien souvent dans la détermination de ce qui convient et de ce qui ne convient pas à l'homme. L'histoire abonde de ses erreurs. En effet, dans tous les secteurs de l'activité humaine, il y a des choses que l'on faisait, mais que l'on ne fait plus ; il y en a d'autres que l'on continue de faire, mais qu'on abandonnera un jour ; d'autres, enfin, dont on se garde toujours, mais que l'on adoptera dans un avenir plus ou moins rapproché.

C'est donc avec raison qu'on parle de choses *réellement* bonnes pour l'homme et de choses qui *semblent* bonnes. « Tout ce qui brille n'est pas or », dit le proverbe. Tout comme l'or, le bien est souvent confondu avec ce qui n'en a que l'apparence.

Cependant, qu'il soit réel ou apparent, le bien attire l'homme comme l'aimant attire le fer. Dans toutes ses activités, l'homme poursuit spontanément le bien, irrésistiblement le bien. Utilisant une expression populaire, nous dirons que le bien est la bougie d'allumage de l'activité humaine. Sans l'étincelle qui jaillit de la bougie, le moteur à explosion ne démarre pas ; sans l'étincelle que produit le bien au contact de la volonté, l'homme non plus ne démarre pas. C'est l'attraction du bien qui l'arrache à son inertie.

## Bien et perfection

On a beau ironiser en certains milieux sur la « science du bien et du mal », les hommes ont sans cesse à la bouche les mots de ces deux familles célèbres : bon et bien, mauvais et mal, meilleur et pire, et parfait. Tel hockeyeur est bon, tel autre est meilleur, et Jean Béliveau est parfait. Dès qu'on introduit les notions de plus et de moins à côté de celle de bien, on aboutit forcément à la notion de perfection.

Le hockeyeur parfait possède d'abord toutes les qualités du bon hockeyeur, puis il les possède à un degré quasi impossible à dépasser. On ne s'attend évidemment pas de lui qu'il contourne les joueurs de défense à cent kilomètres à l'heure ni que son tir brise le mur du son. Ces performances dépassent les capacités de l'homme.

Dire plus ou moins bon ou dire plus ou moins parfait, c'est la même chose, au fond. Et la perfection apparaît ainsi comme le bien achevé, le bien complet, le bien pleinement réalisé. À l'être parfait, il ne manque rien de ce qui lui convient. L'animal parfait est pourvu de tous les membres qui lui sont dus (l'aile à l'oiseau, la trompe à l'éléphant) et disposés comme il se doit pour assurer le fonctionnement de l'animal (le larynx relié aux poumons, l'oesophage à l'estomac).

Deux êtres parfaits ne possèdent pas nécessairement les mêmes qualités : le carré parfait a quatre côtés, le pentagone parfait en a cinq ; la tortue parfaite n'a pas la vitesse du lièvre ; l'homme parfait n'a pas la force de l'ours. Deux hommes parfaits ne possèdent pas non plus les mêmes qualités : l'un est parfait médecin, un autre parfait soldat, un autre parfait citoyen, un autre chef parfait.

Tous ces hommes parfaits peuvent, cependant, être réduits à un dénominateur commun, celui des dimensions humaines fondamentales : dimension corporelle, dimension morale, dimension intellectuelle, dimension religieuse, dimension sociale. L'homme normalement épanoui n'a négligé aucune de ces dimensions, mais, selon le rôle qui lui a été dévolu dans la société, il mettra un accent plus fort sur l'une que sur l'autre. La religieuse contemplative, « enfarinée d'extase », comme dit Léon Bloy, n'a pas besoin de la dimension corporelle du travailleur de la construction.

Enfin, c'est d'un même mouvement que tout homme désire ce qui lui convient (son bien) en tant qu'homme d'abord, puis en vertu du rôle qu'il joue dans la société et qu'il désire la perfection de ce bien. Bref, les désirs de l'homme ne sont comblés que par la perfection réalisée des biens qu'il convoite.

## Perfection et bonheur

Bonheur, malheur, heureux, malheureux sont des mots qui occupent beaucoup de place dans la littérature et dans le langage quotidien. Tous ces mots se sont nourris d'une racine en train de se dessécher : le vieux mot *heur,* qu'on n'entend à peu près plus, sauf dans l'expression « avoir l'*heur* de plaire », c'est-à-dire avoir la *chance* de plaire ; ou dans le proverbe : il n'y a qu'heur et malheur dans ce monde, c'est-à-dire il n'y a que chance et malchance dans ce monde.

L'étude étymologique de ces mots attire l'attention sur leur dénominateur commun, *heur :* bon-*heur*, mal-*heur*, *heur*-eux, mal-*heur*-eux. Elle souligne la part de la chance, de la fortune ou du hasard dans l'un ou l'autre de ces états. Cette part est grande, en effet. La santé, l'argent, les amis, le mariage sont sans conteste des éléments importants du bonheur. Tous, cependant, dépendent d'un concours incontrôlable de circonstances, bien souvent.

Au niveau de l'étymologie, le bonheur est quelque chose qui tient de la chance comme l'iode est quelque chose de violet (iode est formé d'un mot grec, *iôdês*, qui signifie violet). Cependant, les chimistes ne se satisfont pas de cette définition étymologique. Pour eux, l'iode n'est pas quelque chose de violet ; l'iode est un corps simple, métalloïde, d'une densité de 4.95, d'un poids atomique de 126.92, très volatil, et qui donne naissance à des vapeurs *violettes* lorsqu'on le chauffe, etc. Le violet de l'étymologie réapparaît mais en pompeuse compagnie.

Au niveau de l'étymologie, le bonheur est quelque chose qui tient de la chance comme l'iode est quelque chose de violet. Dans un cas comme dans l'autre, on ne peut se contenter de cette définition. On veut en savoir davantage. Et le langage courant nous met sur une bonne piste quand il parle de l'homme heureux comme d'un homme *comblé*. Combler, c'est remplir. Cela suppose un vide. Chez l'homme non encore heureux, ce vide est creusé par l'ensemble des désirs non encore assouvis : désir de santé, désir de puissance, désir de renommée, désir de courage, désir de connaissance, etc. L'homme heureux, c'est l'homme dont tous les désirs sont réalisés. La chance aidant.

Puisque l'homme désire « ce qui lui convient », c'est-à-dire son bien, qu'il tend à la perfection de ce bien, le bonheur apparaît comme l'état de quiétude du parfait. Le bonheur est attaché à la perfection comme la chaleur au feu et la lumière au soleil. Et ainsi on est passé de la notion de bien à celle de perfection, de la notion de perfection à celle de bonheur. La petite famille du bien s'agrandit peu à peu.

# Bien et valeur

Ne pas arrondir un petit nid pour y déposer amoureusement la notion de valeur constituerait une gaffe impardonnable : le mot *valeur* connaît une vogue si extraordinaire. C'est un mot qui plaît. Or il faut plaire si l'on veut être écouté et ne point finir ses jours, comme dit Platon, à chuchoter dans un coin en compagnie de trois ou quatre adolescents.

Puisqu'il faut céder à la mode, cédons-y intelligemment en précisant d'abord le sens du mot *valeur*. C'est un mot emprunté au vocabulaire des commerçants. La valeur, pour eux, c'est le prix d'une chose qui s'achète et se vend : du bois, de l'étoffe, des clous.

Par la suite, on a employé le mot à propos de choses qui ne s'achètent ni ne se vendent. On a parlé du prix de l'amitié ; on a parlé des valeurs morales, des valeurs religieuses, comme si tout s'achetait avec de l'argent et que ces choses étaient des objets de négoce. On dit même étonnamment : il a du courage à revendre, laissant entendre par là qu'il en a trop acheté.

Remarquons d'abord le lien qui existe entre la valeur que l'on attribue à une chose et le besoin que l'on en a. L'homophile fait fi (d'un mot latin qui signifie fumier) du sexe opposé. Les enfants ne s'attardent pas dans le rayon des cannes. Les jeunes se soucient peu des lois sur la sécurité de la vieillesse. La valeur fluctue au rythme du besoin. Ce dont j'ai besoin, j'y attache de la valeur, et j'attache une plus grande valeur aux choses dont j'ai un plus pressant besoin. Bref, le monde des valeurs n'échappe pas à une certaine relativité.

Il reste, cependant, qu'il existe des valeurs que tout homme normal, en quête de son épanouissement complet, devrait reconnaître et hiérarchiser. Ces valeurs doivent être qualifiées d'absolues. Ce sont des valeurs pour tout homme du fait même qu'il est homme : valeurs corporelles, valeurs morales,

valeurs intellectuelles, valeurs religieuses. Au contraire, la pro-
thèse n'est une valeur que pour l'homme amputé d'un membre. Valeur relative, donc.

Mais de quoi l'homme a-t-il besoin ? Malade, il a besoin
de médicaments. Mourant de soif dans le désert, il a besoin
d'eau : que ferait-il d'un lingot d'or ? Aux prises avec des difficultés écrasantes, il a besoin de courage. Pour téléphoner, il a
besoin de quelques pièces de monnaie : cinq, dix ou vingt-
cinq sous. À quoi lui servirait alors un chèque d'un million ?
Bref, l'homme a besoin de ce *qui convient* à la situation où il
se trouve. Mais ce *qui convient*, c'est la définition même du
bien.

Parler des valeurs humaines au lieu de parler des biens humains, c'est adapter tout simplement le langage au goût de l'é-
poque, comme c'est aussi l'adapter que de parler d'éthique au
lieu de parler de morale. Il est alors normal de définir la morale comme une recherche des valeurs au lieu de la définir comme une recherche du bien de l'homme.

## Bien moral et bien réel

Dans la détermination de ce qui lui convient (de ce qui est
bon pour lui) et de ce qui ne lui convient pas (de ce qui est
mauvais pour lui), l'homme, répétons-le, se trompe souvent, et
l'histoire nous apprend qu'il s'est souvent trompé. Voulant
guérir, il tue ; voulant améliorer, il détériore ; voulant éclairer,
il embrouille. *Moralement* parlant, celui qui tue, détériore ou
embrouille, en voulant sincèrement guérir, améliorer ou éclairer, ne commet pas la moindre faute.

*Moralement* parlant, c'est-à-dire du point de vue particulier de la morale. Une action peut être envisagée de plusieurs
points de vue. Du point de vue de la mathématique, par exemple, $\$36,000.00 \div 5 = \$7,200.00$. C'est la bonne réponse ma-

thématique. Du point de vue de la justice, un point de vue moral, il est possible qu'il faille diviser par 4 et non par 5 pour obtenir la bonne réponse, si elle devait être le salaire minimum décent en 1976. Pour qu'une bombe larguée d'un bombardier volant à dix mille mètres d'altitude et à neuf cents kilomètres à l'heure atteigne son objectif, la balistique effectue des calculs et fournit la *bonne* réponse. Moralement parlant, la performance balistique peut se transformer en un échec honteux.

Se placer du point de vue moral, c'est regarder les choses sous l'angle de l'activité intelligente, libre et responsable de l'homme. De ce point de vue, l'homme est tenu de faire le bien et d'éviter le mal comme il les perçoit lui-même. S'il se trompe, prenant le bien pour un mal, il doit s'en abstenir ; s'il se trompe, prenant le mal pour un bien, il peut le faire. Dans l'un et l'autre cas, sa conduite sera *moralement* bonne.

C'est évoquer le rôle capital de la bonne intention en morale. Selon un proverbe, l'enfer est pavé de bonnes intentions. Mais il faut se méfier des proverbes : il en faut souvent deux pour contenir toute la vérité. Par exemple, d'une part, il ne faut pas courir deux lièvres à la fois ; d'autre part, il faut avoir deux cordes à son arc. L'enfer est pavé de bonnes intentions, d'accord, mais ce genre de pavage s'étend jusqu'au ciel.

Tout le monde connaît l'expression courante : c'est l'intention qui compte. Que de gaffes on excuse au nom de la bonne intention ! Il était bien intentionné. D'accord, l'intention compte, mais elle n'est pas seule à compter. Sinon, il serait vrai de dire que « la fin justifie les moyens ».

En un sens, cependant, il est vrai de dire que la fin justifie les moyens. Par exemple, si j'atteins, par des moyens qui faisaient sourire les gens d'expérience, la fin que je me proposais, je prouve par le fait même que mes moyens étaient proportionnés, adéquats, mais pas nécessairement les meilleurs. Ce disant, on se place sur le plan de l'efficacité mais non point sur celui de la morale. Affirmer que la fin justifie les moyens, c'est affirmer que les moyens étaient proportionnés, ajustés à la fin, puisqu'ils ont permis de l'atteindre.

Mais du point de vue de la morale, la fin ne justifie pas les moyens. Secourir un ami, c'est une action louable. Pour le faire plus rapidement, il n'est pas raisonnable d'écraser les piétons qui ralentissent l'allure de la voiture. Il est excellent de faire l'aumône, mais il est interdit de voler à cette fin.

Pourquoi ? Parce que le vol, avant de devenir un moyen de soulager la misère, est une action libre, que la morale demande de régler sur le bon sens, sur la raison. Si la raison interdit de voler, elle interdit de convertir le vol en moyen de soulager la misère. À moins, évidemment, que la misère ne soit extrême, mais alors il n'y a plus de vol : l'extrême nécessité confère le droit de prendre ce qui est nécessaire à la subsistance.

Mais on comprendra facilement que l'idéal à poursuivre en matière de conduite humaine (ou de morale), c'est d'amener les gens à guérir quand ils veulent guérir, à réhabiliter quand ils veulent réhabiliter, à aider quand ils veulent aider (et non point nuire), etc. Bref, l'idéal en matière de morale, c'est d'en arriver à ce que le *bien moral* et le *bien réel* coïncident.

Car, sur le plan des objectifs à atteindre, le bien moral n'est rien d'autre que le bien réel de l'homme. Pour y parvenir, répétons-le, la morale doit s'assurer la collaboration de plusieurs autres sciences. La morale ignorante peut fournir de bonnes intentions, mais pour que la santé soit recouvrée, il est parfois nécessaire qu'une autre science dise de réduire la consommation de sucre, d'alcool ou de tabac.

*Moralement* parlant, ai-je dit, celui qui tue en voulant sincèrement guérir ne commet aucune faute. C'est l'intention qui compte. Il suffit que la bonne intention ne cherche pas à convertir le crime en moyen de faire le bien. Et ceci nous amène à préciser deux notions connexes, celle de culpabilité et celle de responsabilité.

## Responsabilité et culpabilité

On confond assez communément, avouons-le, les notions de responsabilité et de culpabilité. Si, après délibération, le jury prononçait : « Responsable » au lieu de : « Coupable », la plupart des gens n'y verraient aucune différence. Il en existe une, cependant, et qu'il importe de dégager.

On l'escamote quand on part d'emblée de l'étymologie du mot *responsable* (*respondere*, répondre) et qu'on imagine l'être responsable uniquement en train de répondre de sa conduite devant quelqu'un d'autre qui lui demande des comptes. La responsabilité qu'il exerce alors est une conséquence d'une autre responsabilité, antérieure et plus profonde. Voyons-le dans des exemples.

Le pommier qui n'a pas produit de pommes n'aura pas à répondre de sa conduite ni le dément qui casse les meubles. On dit qu'ils ne sont pas responsables. Mais, à ce niveau, cela signifie qu'ils n'ont pas la maîtrise de leurs actes, qu'ils n'ont pas agi librement. Et la responsabilité apparaît d'abord comme un état, une manière d'être.

L'être responsable, c'est l'être qui est maître de ses actes, d'abord. Et parce qu'il en est maître, il arrive qu'il ait à en répondre. L'obligation d'en répondre à l'occasion ne constitue pas sa responsabilité ; elle en est une conséquence. Seul sur son île, Robinson Crusoé n'en est pas moins un être responsable ; cependant, personne ne lui demande jamais de répondre de ses actes.

Au sens le plus fort du terme, être responsable, c'est reconnaître comme sien ce qui survient, parce qu'on l'a voulu librement. C'est pourquoi, dans l'état actuel de la science, personne n'est responsable du cancer qui le ronge. Ignorant ce qui le produit, personne ne peut volontairement et librement le contracter ou l'éviter. On parle bien de *son* cancer, mais ce n'est pas au sens où l'on parle de *son* fils.

On pressent déjà qu'il peut y avoir responsabilité sans qu'il y ait faute. Faute, *culpa*, en latin ; d'où culpabilité. Je suis coupable quand j'ai commis une faute. Je stationne ma voiture dans une côte et ne serre pas le frein à main. C'est une faute. Si elle dévale la pente et va en emboutir une autre, je suis non seulement responsable mais coupable également. Si l'accident s'était produit à la suite d'une rupture du frein due à une paille dans le métal, j'aurais été tenu responsable mais sans être coupable.

La responsabilité n'est donc pas nécessairement accompagnée de culpabilité, mais la culpabilité est toujours précédée de responsabilité. La faute, qui est un manquement aux exigences de la situation, suppose que l'on était maître de la situation, donc responsable. Le pommier ne commet jamais de faute, parce qu'il n'est pas responsable ; l'homme, qui est responsable, parfois en commet, parfois n'en commet point, tout en demeurant responsable dans l'un et l'autre cas.

Quand un jury déclare un homme *coupable*, parfois le mot n'a que le sens de *responsable* (aucune faute n'a été commise) ; parfois le mot *coupable* est pris au sens strict (une faute a été commise). Mais il ne s'agit jamais d'une culpabilité morale. Il faut insister sur ce point. Moralement parlant, la faute, c'est de ne point agir conformément aux lumières de sa raison et non point aux lumières d'un jury. Ce qui est une faute aux yeux du jury peut n'en être point une aux yeux du condamné.

De ces considérations, retenons que le mot *bien* n'a rien d'agaçant pour qui en connaît la définition. Le bien, c'est ce qui convient ; le mal, c'est ce qui ne convient pas. Ceux-là mêmes qui n'acceptent pas que la morale soit « la science du bien et du mal » n'en recherchent pas moins ce qui leur convient et n'en fuient pas moins ce qui ne leur convient pas. Il n'y a donc vraiment litige que de langage.

Mais comme les hommes se trompent souvent, prenant ce qui leur convient pour ce qui ne leur convient pas, et vice versa, il s'ensuit que ce qui est *moralement* bon diffère parfois de ce qui est *réellement* bon. Il est manifeste, cependant, que l'idéal à poursuivre, en matière de conduite humaine ou de morale, c'est d'en arriver à ce que le bien moral et le bien réel coïncident.

# l'incertitude
# en morale

Que voilà bien un titre bizarre : l'incertitude en morale ! Je le préfère à son contraire : la certitude en morale, pressentant qu'il reflète mieux la réalité. Ce que nous savons déjà de la morale nous incite à soulever le problème de la certitude et de l'incertitude à son sujet : comment se partagent-elles le champ de la morale ? Nous savons que la certitude élimine le doute comme le soleil chasse les ténèbres, tandis que l'incertitude, son contraire, traîne le doute comme son ombre.

Considérons les actes que la morale a mission de régler. Ce ne sont pas des opérations mathématiques : ce sont des actions humaines, et encore des actions humaines *concrètes* (le mariage, c'est abstrait ; mon mariage, c'est concret). Les actions humaines concrètes sont entourées de circonstances qui varient d'un individu à un autre et qui varient chez le même individu d'un moment à un autre.

Boire, manger, dormir, c'est conforme à la nature de l'homme et, conséquemment, bon pour l'homme. Mais, à ce niveau, on est dans l'abstrait. Le concret, c'est mon boire, mon manger, mon dormir. Le boire est bon en soi, d'accord, mais qu'en est-il du mien ? Du mien dans telles et telles circonstances. Voilà le genre de questions auxquelles la morale doit apporter des réponses puisque, de toute évidence, je boirai, je mangerai, je dormirai.

Il est manifeste que tout être humain recherche constamment ce qui lui convient (son bien) et fuit de la même manière ce qui ne lui convient pas (son mal). Ce faisant, il observe le premier principe de la conduite humaine, à savoir il faut faire le bien et éviter le mal. Certains font bien mine de le contester, mais ce n'est que de bouche : leur vie s'y conforme forcément. Et ce principe est certain, comme il est certain qu'il faut suivre ses inclinations naturelles et les régler sur la raison, compromise dans l'homme tout entier : corps et âme, volonté et sensibilité.

Mais on ne recherche pas son bien dans l'abstrait ; on le recherche dans des actions concrètes. L'abstrait, c'est la grève ; le concret, c'est telle grève : grève de fabricants de cure-dents, grève d'enseignants, grève de médecins. S'ouvre ici un gouffre béant qui laisse au doute plus d'espace qu'il ne lui en faut pour naître et fleurir entre la certitude qu'il est bon en soi pour le travailleur de faire la grève et l'incertitude qu'il soit bon de la faire dans telles circonstances déterminées.

Le grand principe (fais le bien, évite le mal) et les autres du même genre doivent descendre dans nos vies quotidiennes, qui se déroulent ou en matière de justice, ou en matière de courage ou en matière de tempérance. En matière de justice, on affirme, par exemple, qu'il est interdit de voler. Ce principe n'est qu'une application à un domaine particulier de la vie humaine du principe plus général qui proclame que le mal doit être évité.

Pourtant, si on admettait d'emblée qu'il faut éviter le mal, on n'admet pas aussi facilement le principe plus restreint qui interdit de voler. Voler, c'est prendre contre le gré de quelqu'un ce qui lui appartient. L'interdiction de voler suppose que l'on admette au préalable que certaines choses puissent appartenir en propre à quelqu'un. C'est le problème du droit de propriété qui nous est jeté à la face. On sait, d'une part, que ce droit est battu en brèche ; on sait, d'autre part, qu'il a des limites.

Les adversaires du droit de propriété ne sont pas tous des chenapans. On pense communément à Karl Marx, mais on pourrait aussi bien penser à *saint* Thomas More, qui écrit dans son *Utopie*: « Je suis donc convaincu que les ressources ne peuvent être réparties également et justement, que les affaires des hommes ne peuvent être heureusement gérées si l'on ne supprime la propriété privée. Il existe des remèdes qui soulagent le mal de la propriété privée, mais aucun qui le guérisse. Tant que subsistera ce régime, le corps social ne recouvrera ni la force ni la santé. »

Quant à ceux qui reconnaissent la légitimité de la propriété privée, ils ne manquent pas de lui reconnaître des limites. D'abord, la propriété privée ne doit pas tourner en monopole : le pouvoir de s'approprier quelque chose ne confère pas le droit de se l'approprier. De plus, dans le cas même de la propriété légitime, l'usage des choses possédées en propre doit rester commun de quelque manière.

Les impôts sont sans conteste le grand moyen inventé par les législateurs contemporains pour assurer un meilleur partage des richesses. Les dons de toute nature aux différents organismes qui sollicitent les citoyens en sont un autre. Cela peut se faire également en louant ou en vendant un terrain dont on n'a pas besoin.

La loi de Moïse contenait à ce sujet de sages prescriptions. Elle permettait d'entrer dans la vigne d'un ami et de manger des fruits. Il suffisait qu'on n'en emporte point. À l'endroit des pauvres, elle se faisait encore plus libérale. Leur étaient réservés les gerbes oubliées ainsi que les fruits demeurés sur le champ après la récolte. De plus, ils avaient part à la récolte de la septième année.

Il y a incontestablement place ici pour d'interminables discussions. Et le principe plus restreint qui interdit de voler ne reçoit pas le même accueil que son aîné qui invite à fuir le mal.

En quittant, bien à regret, peut-être, les grands principes de la conduite humaine, on a fait son deuil de la certitude absolue. On ne contemplera jamais plus son visage serein. Et il faut les quitter, ces grands principes, puisqu'il faut faire ce qui convient non pas en soi mais ici et maintenant, éviter ce qui ne convient pas ici et maintenant et non en soi.

J'ai besoin de savoir, aux prises avec des difficultés de toutes sortes, s'il convient de supporter ou d'attaquer ; j'ai besoin de savoir si je dois me marier ou ne pas me marier ; si je dois marier telle personne ou telle autre, la marier maintenant ou plus tard. Telle manière de procéder plaît à l'un, mais elle déplaît à un autre. Avec la même personne, telle façon de faire plaisait ; elle ne plaît plus.

Les hommes ne sont pas des figures géométriques : ils changent constamment. Il n'y en a pas deux qui réagissent de la même manière, et le même homme ne réagit pas toujours de la même manière selon qu'il a bien ou mal dormi, que sa santé est bonne ou laisse à désirer, qu'il a des soucis ou non.

À ce niveau, il n'y a plus de certitude. On ne sait jamais de façon certaine la conduite à tenir. C'est pourtant à ce niveau que l'on vit. La vie réelle se déroule en rase-mottes et non dans les nuages des grands principes : fais le bien, évite le mal ; suis tes inclinations naturelles ; conforme-les à ta raison ; obéis à ta conscience. Dans la vie quotidienne, fais le bien, cela consiste à trouver le bon mot, à déterminer la charge convenable de travail, le salaire proportionné, le profit acceptable.

En faisant le tour des secteurs de la vie humaine, on pourrait multiplier les exemples. Le mariage est bon en soi, c'est une institution naturelle, voire un sacrement pour les chrétiens, et non un piège. Mais je ne contracte pas LE mariage ; je contracte ce mariage-ci, qui place sous le même joug deux êtres différents de tous les points de vue : santé, caractère, tempérament, éducation, hérédité. À ces différences fondamentales s'ajoutent les différences quotidiennes : tel jour, l'un des conjoints est souffreteux, l'autre pète de santé ; l'un attrape la grippe quand l'autre vient de s'en débarrasser ; l'un est au fond de sa courbe biorythmique quand l'autre est au sommet. Fais le bien, évite le mal ? On est bien avancé ! Qu'est-ce qu'il est bon de dire ou de faire à tel moment précis ? Personne n'en est sûr.

La morale présente le suicide comme un crime. Et elle le définit comme suit : l'acte accompli volontairement en vue de se donner la mort. Évite le mal, donc évite le suicide. Et l'on a un petit coin de géométrie à l'intérieur de la morale. Peut-être pas. Celui qui tombe entre les mains d'individus qui ont les moyens de le faire parler et qui détient des secrets dont dépend la vie de milliers de gens peut décider de s'enlever la vie. Est-ce un suicide criminel ? Ne serait-ce pas plutôt un acte de courage héroïque ? Les citoyens sauvés par ce geste ne parleraient pas comme des manuels de morale.

Sur le plan de l'action concrète, il n'y a donc plus de certitude. Seule l'expérience accumulée dans les archives du mariage et, dorénavant, dans la mémoire des ordinateurs, me permet de supputer les chances de réussite de celui que j'entends contracter. Notons que le mot *expérience* vient du verbe latin *experiri*, qui signifie « faire l'essai de ».

Le mariage a été contracté dans mille circonstances diverses. Parfois, la femme est plus âgée ; d'ordinaire, c'est le mari qui l'est. L'un ou l'autre peut être beaucoup plus âgé ou seulement un peu plus. Pour savoir ce qui est préférable, il faut en faire l'expérience. Certains couples s'échangent leurs alliances au-dessus d'un océan : l'un des conjoints est américain, l'autre européen ou asiatique. Est-ce à conseiller ? Faisons appel à l'expérience accumulée. Il y a des couples avec enfants et des couples sans enfants. Les chances de réussite sont-elles égales ? Interrogeons l'expérience. Comment fonctionnent les mariages de conjoints qui travaillent tous les deux à l'extérieur ? Quand ils ont des enfants ? Quand ils n'en ont point ? Pas de réponse sans faire appel à l'expérience. Et l'on pourrait continuer d'égrener le chapelet des circonstances qui entourent le mariage. Dans chaque cas, il faudrait faire appel à l'expérience pour se former une opinion sur ses chances de succès.

Sur papier, l'entreprise privée est bonne ; bon sur papier le socialisme. De nombreux peuples ont fait de l'une et de l'autre une longue expérience. Elle a révélé de l'une et de l'autre des faiblesses que l'on ne pouvait pas facilement prévoir. Les ingénieurs peuvent prévoir les comportements de l'eau et du fer, mais les hommes politiques ne peuvent pas prévoir les comportements de citoyens libres. La CECO a levé un coin de voile sur les ressources illimitées de l'imagination humaine. Traquée ici, la mafia réapparaît plus vigoureuse ailleurs. Seule l'expérience peut nous révéler la richesse de son ingéniosité.

Quel que soit le domaine où s'exerce son activité, (guerre, grève, peine de mort, circulation automobile, braconnage, éducation, réhabilitation, etc.), l'homme doit se résoudre à fabriquer d'abord de l'expérience. En s'accumulant, l'expérience deviendra un guide de plus en plus sûr de ses activités ultérieures. Le soldat de carrière a moins de chances de se faire tuer et il est plus efficace que le débutant dans le métier.

À part l'expérience, il existe un autre guide de l'action concrète. Pour le découvrir, prenons l'exemple de quelqu'un qui change de continent ou simplement de pays. Vous pouvez passer pour un rustre en faisant dans un autre pays ou sur un autre continent ce qui est admis chez vous. Certains comportements américains, français ou allemands détonneraient en Inde, en Russie ou en Afrique. Ici, on mange les vaches ; là, on les adore. Ici, on adore Dieu ; là, on l'ignore. Celui qui ne veut point attirer l'attention doit s'enquérir avec soin des coutumes qui prévalent dans son pays ou son continent d'adoption ou de passage.

Mais jusqu'où faut-il pousser la condescendance ? Faut-il être catholique au Québec, protestant en Angleterre, musulman en Arabie ? Évidemment non, car il y a coutume et coutume. C'est une coutume, dans certains pays, que les hommes aussi s'embrassent. C'est une coutume, chez nous, de manger la dinde à Noël, le jambon à Pâques ; une coutume de porter le deuil en noir, de circuler à droite, etc. Ces coutumes n'ont rien à voir avec la morale ; elles ne sont pas des manifestations de la nature humaine.

Mais il existe des coutumes plus profondes qui doivent retenir l'attention du moraliste. Il existe de plus en plus de boucheries chevalines, mais nulle part, à ma connaissance, il n'existe de boucheries humaines. Même chez les cannibales, on procède plus discrètement. Et c'est sans doute un indice que la nature humaine, à l'affût de laquelle se tient la morale, ne pousse pas à manger son semblable. Nulle part le vol n'est autorisé. Partout le mensonge est interdit. Tous les peuples punissent les crimes. Ces façons d'agir quasi universellement répandues trahissent sans aucun doute les inclinations de la nature humaine à la recherche desquelles les moralistes se dévouent.

Ce qui se fait à peu près partout chez les hommes ne saurait être tout à fait mauvais. Quand les coutumes sont diamétralement opposées, on peut conclure qu'elles ne sont pas suggérées par la nature humaine ; par contre, quand elles sont à peu près partout les mêmes, on est justifié de croire qu'elles révèlent quelque inclination de la nature.

En morale, donc, il n'y a de certitude inébranlable qu'au niveau des grands principes : fais le bien, évite le mal ; suis tes inclinations naturelles ; conforme-les à ta raison. Dès qu'on s'éloigne de ces principes généraux, la certitude diminue. Évite le mal, d'accord. Évite le suicide ? il y a place pour la discussion. Évite le vol ? il faut s'entendre. Arrivé au principe qui règle l'action concrète, il n'y a plus de certitude absolue, c'est-à-dire qui exclut tout doute. On parle quand même de certitude, mais, pour éviter toute ambiguïté, on qualifie de *morale* cette certitude bizarre.

La certitude morale, c'est la certitude particulière à la morale. Quand les nains parlent de leurs géants, personne n'imagine ces géants comme rivalisant de taille avec le géant Beaupré. De même, quand les moralistes parlent de certitude, il ne faut point entendre par là un état d'esprit sans aucun mélange de doute, mais un haut degré d'élimination du doute.

L'action concrète que règle la morale est une matière réfractaire à la certitude absolue. La certitude morale se situe entre la certitude absolue et l'état d'esprit qui équivaudrait à décider à pile ou face, les raisons pour et les raisons contre se faisant équilibre. La certitude morale est atteinte quand il est fortement probable que la décision prise est la bonne.

Si j'ai donné comme titre à ce chapitre : *L'incertitude en morale*, c'est pour souligner davantage un trait caractéristique de la morale. On se forme une meilleure idée de la morale, il me semble, en parlant de son incertitude qu'en parlant de sa certitude.

# la conscience morale

Les moralistes ... (Gardez-vous bien de ne penser qu'aux moralistes « permanents », qui cherchent à nous influencer en écrivant de savants tomes ; pensez aussi aux « journaliers » de la morale, qui nous livrent quotidiennement dans la presse, à la télévision, à la radio, leurs généreux conseils sur les problèmes de la vie.) Les moralistes, dis-je, nous parlent de tout ce qui entre dans une vie d'homme : boire, manger, drogue, mariage, contrôle des naissances, avortement, divorce, guerre, grève, travail, salaires, profits, etc.

Cependant, qu'ils soient permanents ou journaliers, il existe toujours une différence considérable entre la grève, le suicide, le divorce ou l'avortement de leurs traités ou de leurs conversations et la grève, le suicide, le divorce ou l'avortement de la vie. On a beau savoir que le suicide est défendu, sur papier, pour trois ou quatre bonnes raisons, le problème de MON suicide n'est pas résolu pour autant. Que tout le monde parle du droit de grève laisse entier le problème de savoir, chaque fois qu'on songe à la faire, s'il convient de la faire dans les circonstances du moment.

L'homme aux prises avec les problèmes de la vie concrète doit appliquer aux situations dans lesquelles il se débat les données de la science morale. Ces données sont presque toujours aussi mal ajustées qu'un prêt-à-porter : ça tire ici, ça poche là ; c'est un peu court ou un peu long.

Cet ajustement, aux problèmes concrets, des données de la science morale s'impose parce que la science morale traite d'un homme idéal (donc abstrait, c'est-à-dire qui n'est ni Pierre ni Pierrette, ni Jean ni Jeannette) placé dans des circonstances théoriques (donc abstraites, elles aussi, c'est-à-dire qui ne sont jamais les circonstances exactes de l'action réelle).

Il est donc tout à fait normal que les déterminations ou les conclusions de la science morale ne s'appliquent point aux cas particuliers (*mon* mariage, *mon* divorce, *ma* paternité, *ma* maternité, etc.) avec la rigueur que l'on rencontre en mathématiques.

En géométrie, les théorèmes concernant le triangle s'appliquent sans examen à tous les triangles particuliers. Base par hauteur sur deux donne automatiquement la surface de n'importe quel triangle. L'angle extérieur d'un triangle est égal à la somme des angles intérieurs qui ne lui sont pas adjacents. Les théorèmes particuliers à l'isocèle s'appliquent sans discussion à tous les isocèles.

Mais les hommes ne sont point des triangles secs, froids, immuables. Ce qui convient à l'un ne convient pas à un autre ; ce qui convient, en principe ou en soi, ne convient plus en pratique ou pour tel homme déterminé. C'est pourquoi l'activité humaine ne saurait être formulée en théorèmes implacables.

La science morale expose ce qui est bon en soi et abandonne à chacun le soin de découvrir ce qui est bon pour lui. Mais on n'en est quand même pas au bout de ses peines ... morales. Sous la lumière de la raison individuelle, ce qui est bon en soi peut être jugé mauvais ; ce qui est mauvais en soi peut être jugé bon. Les uns croient devoir combattre le Christ ;

d'autres croient devoir combattre Marx. Les uns et les autres sont tenus de mener leur combat, car nous touchons ici au précepte fondamental en morale, le seul en définitive, à savoir : obéis aux lumières de ta raison, fais le bien comme tu le perçois, évite le mal comme tu le perçois.

Par des cheminements qu'il serait trop long de retracer ici, on a appelé *conscience* l'application des connaissances générales de la morale à un problème particulier. Le mot existait déjà et comportait plusieurs sens. Avant de parler de conscience en morale, on avait retiré de l'eau des gens que l'on disait *inconscients*. Des moribonds avaient perdu *conscience* quelques heures ou longtemps avant de rendre le dernier soupir. Des gens avaient *conscience* de leurs responsabilités ; d'autres, non. Tous ces cas relèvent de la conscience dite *psychologique*.

Peu à peu, la conscience s'est installée dans la vie morale. Mais d'abord sur le banc du juge. Du juge qui se prononce sur une action qui a été posée. S'agissait-il d'une mauvaise action, la conscience en mordait l'auteur (remords vient, en effet, de mordre) ; s'agissait-il d'une bonne action, elle le félicitait.

De juge de l'action posée, la conscience est devenue la lumière de l'action à poser. Elle n'intervenait plus seulement après l'action mais avant. A ses anciennes fonctions, la conscience ajoutait celle de se prononcer sur l'action à poser : celle-ci ne doit pas être posée, celle-là doit être posée.

Toute la morale peut s'élaborer sans que l'on ait besoin d'employer le mot *conscience*. La conscience, en effet, n'est rien d'autre que la raison individuelle (ma raison, votre raison, sa raison), qui se prononce sur l'opportunité de poser un geste ou de s'en abstenir. Mais le mot s'est imposé, et il semble téméraire de vouloir le rayer du vocabulaire moral.

Pour distinguer les deux fonctions de la conscience (celle qu'elle remplit avant que l'action ne soit posée ou omise, et

68

celle qu'elle remplit une fois que l'action a été posée ou omise) on a jugé utile d'introduire deux lourdes épithètes : antécédente et conséquente. La conscience antécédente intervient avant l'action pour trancher la question de savoir si elle doit ou non être posée ; la conscience conséquente intervient après l'action pour approuver ou désapprouver l'auteur.

Si l'on s'incline, comme il sied, devant ces manières de parler, on est amené à introduire une distinction fondamentale et qui, de plus, sonne bien : la distinction entre science morale, d'une part, et conscience morale, d'autre part. Science et conscience, cela peut sembler une sorte de jeu de mots. Si cela sonne bien, cela résonne fort dans tout l'édifice de la morale.

La science morale, c'est l'ensemble des conclusions, aussi solidement étayées que vous le voulez, auxquelles les moralistes sont arrivés. Par exemple, le suicide est défendu pour telle et telle raison ; le mariage, un et indissoluble, répond au vœu de la nature ; le vol est interdit ; l'avortement est un crime ; le plaisir est nécessaire, etc.

Mais la morale n'est pas une géométrie. Ses conclusions ne tombent pas tout droit dans nos vies comme le plomb du fil à plomb. Les géomètres, en tant que géomètres, n'ont pas de conscience ; leur science géométrique n'est pas doublée d'une conscience géométrique. Mais l'agent moral, l'être humain libre et responsable, en a une. Et chacun doit examiner, à la lumière de sa raison (sa conscience), ce qu'il doit faire ou éviter dans tel cas particulier, quelles que soient les conclusions de la science morale.

C'est à cette condition seulement que l'homme assume sa responsabilité, qu'il la monnaye pour ainsi dire dans les actes qu'il pose. L'homme responsable agit selon les lumières de SA raison et non pas nécessairement suivant les conclusions de la science morale. Il doit faire le bien comme il le perçoit et non comme les moralistes l'ont perçu et l'enseignent.

C'est ici que la morale dépouille son caractère arbitraire, comme le serpent dépouille sa peau ; c'est maintenant qu'elle cesse de frapper de l'extérieur comme pluie et grêle. C'est ici et maintenant qu'elle s'installe à demeure dans le cœur de l'homme. Affirmer que le grand principe de la conduite humaine, c'est d'obéir à sa conscience, cela veut dire qu'il faut faire le bien comme il apparaît sous la lumière de sa raison personnelle. C'est ainsi qu'il faut comprendre la phrase d'Alain placée en épigraphe.

De nombreuses expressions du langage courant nous incitent à penser que la conscience est une faculté comme l'intelligence, la volonté, la sensibilité, la vue, etc. On dit de la même manière : volonté forte, conscience large. On parle d'avoir quelque chose sur la conscience comme on a une poussière dans l'œil. On met la main sur sa conscience comme on la met sur son ventre. Il semblerait même que la conscience, bien qu'en nous, soit distincte de nous : elle a une voix comme mon ami ; la voix de la conscience.

Pourtant, contrairement à ce que le langage courant laisse entendre, la conscience morale n'est pas une faculté comme l'intelligence ou la volonté ; elle est un acte de la raison. Appliquer ses connaissances de la couture à la confection d'une robe ou d'un pantalon, c'est une action, il va sans dire, et que l'on signifie par un « mot d'action »: coudre. Appliquer ses connaissances de la géométrie au calcul de la longueur d'un poteau à partir de son ombre, c'est, il va sans dire, une action. Appliquer ses connaissances morales à l'action à poser, c'est également une action. L'ambiguïté du langage vient du fait que l'on désigne cette action non point par un mot d'action (par un verbe) mais par un nom : la conscience.

Nos anciens manuels de logique nous enseignaient, dès la première page, qu'il y a trois opérations de la raison, à savoir l'appréhension (au sens de saisir et non de craindre), le jugement et le raisonnement. Est-ce que les moralistes nous demandent de compléter cette énumération en ajoutant la conscience ? Eh bien, non. Ajouter conscience aux trois opérations précédentes, c'est comme ajouter boa quand on a dit serpent, insecte, oiseau. Le boa est une espèce de serpent ; la conscience est une espèce de jugement. La conscience est l'acte de la raison qui tranche : ceci doit être fait, cela doit être évité.

Une dernière comparaison dissipera sans doute complètement le malaise créé par le mot de conscience. J'énumère ainsi les opérations des pieds : la marche, la course, la danse, le tango. Le tango est une sorte de danse comme la conscience est une sorte de jugement. Rien de plus, rien de moins.

Et, tout comme dans le cas de la conscience, il n'y a pas de verbe de formé avec tango. Tanguer, ce n'est pas danser le tango ! Les autres opérations de la raison ont donné un verbe : raisonnement, raisonner ; jugement, juger ; appréhension, appréhender. Mais il n'en existe pas pour conscience au sens moral du terme. Conscientiser est d'un usage de plus en plus répandu, mais il a le sens de prendre conscience. Conscientiser quelqu'un au problème de la faim dans le monde, c'est lui en faire prendre conscience. Mais personne ne parlera du moment où il a conscientisé son divorce pour désigner le moment où il a porté le jugement moral suivant : je dois divorcer.

Il va sans dire que l'homme n'agit pas toujours selon sa conscience. La conscience peut dire : « Tu devrais avouer pour éviter la corde ou la prison à un innocent », mais il n'est pas sûr que le vrai coupable se livre à la justice. La conscience peut dire à un fonctionnaire : « Tu devrais protester contre telle ou telle situation », mais il y a la crainte de perdre sa position, de s'attirer d'innombrables ennuis. La conscience féminine peut dire : « Ne lui vole pas son mari » ; la conscience masculine : « Ne lui vole pas sa femme », mais il y a la passion qui souvent balaie la raison comme une vague la plage.

Il arrive souvent aux « vieux lâches » de dire à leur conscience : « Toi, tais-toi » ; mais cela arrive aussi aux jeunes. Ils se reconnaîtront dans les propos que tient saint Augustin dans ses *Confessions* : « Au milieu des jeunes gens de mon âge, j'avais honte d'être inférieur en débauche. Je les entendais se vanter de leur dévergondage. Pour ne pas être surclassé, je devais faire le mal par vanité. Quand je ne pouvais égaler les meilleurs ( ? ), je feignais d'avoir commis ce que je n'avais pas commis. »

Qu'on se rappelle ici le film de Jean Rouch, *La fleur de l'âge* ou *Les adolescentes*. On s'y moquait de ceux ou de celles qui n'avaient pas couché. Les « coupables » rougissaient et formaient bien ferme le propos de combler à la première occasion le retard accusé. À maintes reprises, les jeunes ont avoué leur incapacité de se conduire autrement des autres. Et l'esprit moutonnier fait battre la conscience en retraite.

Parfois, on ignore l'ordre de sa conscience par une spécieuse excuse. (Spécieuse : qui n'a de belle que l'apparence). On a obéi aux ordres. On se réfugie sous le manteau de l'obéissance comme les poussins sous les ailes de la mère poule. Pourtant, s'il est vrai, ainsi que le dit l'*Ecriture*, que l'homme vraiment obéissant racontera ses victoires, il est tout aussi vrai de dire que le pseudo-obéissant va taire de cuisantes défaites.

L'homme, en effet, ne dépouille pas sa responsabilité en mettant le pied dans le champ de l'obéissance ; sa responsabilité l'y accompagne comme sa peau. S'il n'est pas responsable, d'ordinaire, des ordres qu'il exécute, il est toujours responsable des actes que ces ordres lui demandent de poser. Sinon, ce serait trop commode. En effet, il est presque toujours possible de trouver un supérieur qui prendrait sur soi d'ordonner à peu près tout ce que l'on veut faire, comme il y a des médecins pour dire que tel étudiant est malade (qu'il ne peut passer ses examens) ; que tel professeur ne file pas (qu'il ne peut se présenter en classe).

La responsabilité, même dans l'obéissance, entraîne un redoutable devoir, parfois, le *devoir de désobéissance*. La formule fait choc ; plus que choc : elle fait scandale. Les gens de cinquante ans (de plus jeunes aussi) connaissent la réaction du Diable : « Je n'obéirai pas. » On nous la servait en latin : *Non serviam*. L'habitude de mettre ce mot dans la bouche de Satan avait fini par créer l'impression que ce cri de révolte ne pouvait être poussé que par le Diable et ses suppôts : Voltaire ? Marx ? Sartre ?

Pour corriger cette fausse impression, passons à droite, chez les brebis. J'en vois une, bien en chair (environ cent cinquante kilos), Thomas d'Aquin. Mort en 1274, il n'a pas connu les gros méchants que je viens de mentionner. Il affirme quand même, bien tranquillement : l'homme n'est pas tenu d'obéir toujours aux ordres qu'il reçoit ; dans certains cas, c'est même pour lui un *devoir* de ne pas obéir.

Parmi ceux qui ont exercé ce redoutable devoir, au prix de leur vie, parfois, mentionnons les premiers chrétiens. Même si, d'une part, ils professaient que « toute autorité vient de Dieu », ils résistaient, d'autre part, aux ordres des empereurs leur enjoignant de renoncer à leur foi. Ce faisant, ils affirmaient catégoriquement une distinction essentielle à introduire entre l'origine de l'autorité et l'usage qui en est fait.

Une comparaison rendra brillant ce qui est déjà clair. Sauf le respect que l'on doit à l'autorité comme telle, on peut dire de la même manière et avec la même force : toute autorité vient de Dieu, tout sexe vient de Dieu. Mais l'origine divine du sexe ne garantit en rien l'usage qu'un homme libre peut en faire. Il est illégitime d'étendre sur l'usage la noblesse de l'origine. L'origine est une chose ; l'usage en est une autre. On n'admettrait pas qu'un libertin apporte comme excuse à ses débordements l'origine divine de son sexe. Un sexe d'origine divine peut servir à des fins très humaines, trop humaines !

Comme nous aurons à revenir sur ce point en parlant de la résistance à la loi, contentons-nous pour le moment d'établir fermement le principe que c'est un devoir, parfois, de ne pas obéir aux ordres reçus. Je présume que mon lecteur ne s'imagine point qu'il aura tous les jours le devoir de résister à des ordres. Ce n'est pas tous les jours que le pouvoir ordonne de renoncer à sa foi, de pratiquer l'avortement, d'exécuter des innocents, de se soumettre à la stérilisation ou quelque autre chose du genre.

Il va de soi qu'on peut se tromper en suivant sa conscience. C'est le lieu de dire : l'erreur est humaine. L'ingénieur se trompe en faisant ses barrages ; le castor ne se trompe pas en faisant les siens. On pressent de quelle erreur il s'agit. En suivant sa conscience, on peut tuer au lieu de guérir ; on peut envenimer le conflit que l'on voulait éteindre. Ce ne sont pas des erreurs morales.

Moralement parlant, on ne se trompe jamais en suivant sa conscience. La seule culpabilité de l'agent moral, c'est celle que distinguent ses propres yeux et non des yeux étrangers, qu'ils soient humains ou même divins. Suivre en tout sa conscience, c'est la seule manière de fonctionner qui convienne à un être responsable comme l'homme.

J'ai eu souvent l'occasion d'exposer ces idées. Chaque fois, j'ai vu (non seulement senti, mais vu) de la nervosité chez certains auditeurs. M'empressant de leur céder la parole, ils ont vivement rétorqué : « Oui (un oui qui sentait le non à plein nez), oui, mais il faut éclairer sa conscience.»

Ce « oui, mais » en appelle un autre. Oui, mais le principe : il faut éclairer sa conscience, est assimilable à cet autre principe : il faut faire le bien. Mais il ne suffit pas de savoir qu'il faut faire le bien pour le faire effectivement. Pour que le bien se fasse, un petit raisonnement doit d'abord s'élaborer à partir de ce principe. Par exemple, on nous incite à souscrire à OXFAM. Les auditeurs se partagent en trois groupes. Les premiers considèrent que ce n'est pas une bonne chose et ils ne souscrivent pas. Les seconds considèrent que c'est une bonne chose et concluent qu'ils devraient souscrire, mais ils ne souscrivent pas non plus. (Comme dit saint Paul, l'homme ne fait pas toujours le bien qu'il voudrait faire et fait souvent le mal qu'il ne voudrait pas faire.) Les derniers pensent qu'ils devraient (ou doivent) souscrire et ils souscrivent réellement.

Les choses se passent exactement de la même façon dans le cas de notre autre principe : il faut éclairer sa conscience. Les uns croient que leur conscience est éclairée et ils ne cherchent pas de lumières additionnelles. D'autres pensent qu'ils devraient éclairer davantage leur conscience, mais ils ne le font point. Les autres, enfin, pensent qu'ils devraient éclairer leur conscience et ils cherchent effectivement de la lumière.

*Il faut*, ce n'est pas synonyme de *je dois*. *Il faut*, c'est impersonnel, comme on dit en grammaire : le sujet de l'action n'est pas déterminé. Quand on a dit : il faut éclairer sa conscience, personne ne se sent encore obligé d'éclairer la sienne. Si l'on disait : *tu dois* ou *il doit*, le verbe serait personnel, du point de vue de la grammaire, mais les deuxième et troisième personnes grammaticales ne règlent que les problèmes de justice ; dans les autres cas, il appartient à la première et à la première seule de trancher : *je dois*.

On est dans une sorte de cercle vicieux : c'est la conscience, au fond, qui décide si elle doit s'éclairer davantage ou non. Mon voisin peut me conseiller d'éclairer ma conscience ; il peut chercher à me convaincre de le faire ; mais c'est à moi de décider.

L'éclairer, d'accord. Mais l'éclairer ce n'est point la mettre de côté et lui substituer celle de son supérieur. Éclairer quelqu'un, ce n'est point lui intimer un ordre : fais ceci, évite cela, ce n'est point de la lumière, ce sont des ordres.

Celui qui a mission d'éclairer n'a reçu de personne la promesse de réussir. La seule manière de procéder pour un éclaireur, c'est de chercher à convaincre en produisant l'évidence. Parfois, c'est facile ; parfois, non. Il y a toute la différence du monde entre la situation du catholique pratiquant qui ignore que c'est dimanche (et qu'il doit aller à la messe) et la situation d'une espèce de Zorba, qui croit que la fornication n'est point un mal. Un coup de téléphone et le premier est fixé. Quant au second, je doute que le meilleur moraliste parvienne à le convaincre en une séance.

L'homme ne vit sa responsabilité qu'à ce prix. Quand un homme justifie sa conduite par un « j'ai exécuté les ordres », il n'est plus un homme mais un robot. Personne n'est lavé de ce qu'il a commis par le fait qu'il exécutait les ordres. La responsabilité est beaucoup plus intime. C'est par sa conscience que l'homme l'assume dans chaque situation où la vie le place.

Certains vont dire (plus d'un l'a déjà fait) : « Une telle doctrine conduit tout droit à l'anarchie ! » D'accord si la morale était, comme le prétend Paul Valéry, l'art de faire ce qui déplaît et de ne pas faire ce qui plaît. Mais la morale authentique n'est pas cet art loufoque. Elle est l'art de suivre conformément au bon sens ses inclinations naturelles.

Or la nature incline suffisamment chacun de nous vers les fins qui conviennent à l'homme pour que l'immense majorité puisse prendre, dans chaque situation, la décision qui convient. Dans son *Dictionnaire philosophique*, Voltaire nous livre le résultat de ses observations sur ce sujet : « La morale est la même chez tous les hommes qui font usage de leur raison. » (Ouvrage cité, au mot *morale*).

Puisque la conscience est précisément un acte de la raison, poser le précepte suivant : « Obéis à ta conscience », comme le premier de tous et le seul, au fond, c'est une incitation non point à la pagaille mais à une large uniformité dans la conduite humaine. Immergée dans une nature aux inclinations fortes, la raison ne livre pas l'homme à l'arbitraire. L'empereur Marc Aurèle le note de façon amusante dans ses *Pensées*: « En moins de dix jours, tu paraîtras un dieu à ceux qui maintenant te regardent comme un fauve ou un singe, pourvu que tu reviennes aux principes et au culte de la raison. »

Quand on parle de l'obligation d'éclairer sa conscience, on rend certains auditeurs nerveux. Lesquels ? ceux qui craignent que, mieux éclairés, ils ne pourraient plus faire certaines choses qu'ils font et auxquelles ils tiennent ; ceux qui pensent que, mieux éclairés, ils devraient abandonner certains projets. En un mot sont agacés ceux qui ont déjà décidé de leur conduite.

Quant aux autres, qui ne sont affectivement liés ni par une habitude ni par un projet, rien ne leur semble plus naturel. La condition humaine, contrairement à celle des minéraux, des végétaux et des animaux, veut que l'homme ne sache rien faire, qu'il doive tout apprendre. Il est donc tout à fait normal qu'un homme qui veut faire carrière dans la politique, l'éducation, le cinéma ou la chanson se mette à l'école de ceux qui ont réussi dans ces différentes carrières.

Éclairer sa conscience, c'est tout simplement tenir compte de l'expérience accumulée dans quelque domaine que ce soit de l'activité humaine : mariage, divorce, avortement, drogue, grève, violence, etc. Le problème vient en grande partie du fait que l'on parle d'obligation pour une chose qui semble aller de soi. C'est un peu comme si l'on parlait de l'obligation de manger, de boire et de dormir.

# un terme agonisant,
# une réalité vivifiante

Le mot *vertu* est un autre de ces mots qui agacent et que, partant, l'on évite de prononcer. Exagérant sans doute un brin, Paul Valéry, en 1934, entonnait en ces termes son *Rapport sur les prix de vertu* à l'Académie française : « VERTU, Messieurs, ce mot *Vertu* est mort, ou, du moins, il se meurt. *Vertu* ne se dit plus qu'à peine. J'avoue ne l'avoir jamais entendu. Ou, plutôt, et c'est plus grave, les rares fois où je l'ai entendu, il était ironiquement dit. Je ne me souviens pas, non plus, de l'avoir lu dans les livres les plus lus et les plus estimés de notre temps. »

Certains courtiseraient volontiers la morale si elle acceptait de congédier son glacial chaperon, la vertu. Malencontreuse erreur. Aimer ses inclinations naturelles, comme le demande la morale, et détester la vertu, c'est comme aimer manger et détester l'art culinaire, qui rend la chose encore plus agréable. Soit dit sans la moindre inflation verbale.

La vertu authentique n'a qu'un rôle : permettre à l'homme de mieux suivre ses inclinations naturelles, comme l'art culinaire permet à l'homme de mieux satisfaire son besoin et son désir de manger. Renouer la vieille amitié du plaisir et de la vertu, tel est notre ambitieux propos.

Mais par quel concours de circonstances la vertu a-t-elle donc perdu sa majesté et son attrait ? J'en vois spontanément deux. Si des loups déguisés en brebis se glissaient dans les bergeries, nos inoffensifs moutons passeraient bientôt pour de redoutables grandes gueules. Eh bien, c'est ce qui s'est produit chez les vertus. Leur chœur est pourri de vices déguisés en vertus. Et comme il y a plusieurs façons de pécher contre chaque vertu, chacune d'elles est entourée de quelques vices qui portent son nom.

La peur du risque, l'indécision prennent le nom de prudence ; la témérité s'appelle courage ; la lâcheté se nomme patience ; la bêtise se fait passer pour l'obéissance ; la cruauté circule avec la balance de la justice à la main ; le racisme se donne pour le patriotisme ; la bigoterie se prend pour la piété, l'égoïsme pour de la charité bien ordonnée, etc. Bref, il n'est point de vice qui ne parvienne à ajuster sur sa tête cornue le bonnet de quelque vertu quand ce n'est pas de plusieurs. Et tous ces vices déguisés en vertus ont fait détester la vertu authentique.

De plus (et c'est le deuxième concours de circonstances) la vertu a été victime de l'usage, qui règne en maître sur le langage. Le mot *vertu* partage le triste sort de tant d'autres mots qui avaient été formés avec soin, mais que l'usage a coupés de leurs nobles origines. Dérivé du latin *virtus*, lui-même formé de *vir* (homme, au sens où il exclut les femmes), le mot *vertu* a d'abord signifié la force physique. Le vertueux, à cette époque-là, c'était l'homme ; pas la femme. Et il était vertueux de la vertu du taureau. Il n'y avait pas de quoi rendre les femmes jalouses.

Comme la force physique jouait un grand rôle à la guerre (le muscle y tenant lieu de poudre) et qu'on se battait constamment, le bon soldat, le soldat efficace, qu'on dit courageux, était dit vertueux. On passait ainsi de la force physique à la valeur militaire et au courage.

De là, on n'a pas de peine à comprendre comment et pourquoi on a étendu le mot jusqu'aux remèdes. La vertu d'u-ne potion, c'est la vaillance qu'elle déploie dans sa lutte con-tre une maladie. La vertu d'un remède, comme celle d'un sol-dat, se mesure à son efficacité. « La vertu n'est qu'efficacité », dit fort justement Alain.

Mais un jour, quelqu'un s'est avisé de dire, avec un certain sourire, j'imagine : elle a perdu sa vertu ! Ou encore : c'est une femme de petite vertu ! Le contexte ne prêtait aucunement à équivoque : il ne s'agissait ni du courage ni de la justice, mais bien de la chasteté.

Le mot *vertu*, qui, normalement, embrasse toutes les ver-tus, devenait le nom de l'une des vertus. Il s'agit là d'un phé-nomène linguistique plus simple que le nom (antonomase) par lequel on le désigne. Le mot *philosophe*, par exemple, recou-vre une pléiade de penseurs : Socrate, Platon, Aristote, Sénè-que, Avicenne, Abélard, Descartes, Kant, Marx, Sartre et bien d'autres. Mais, au douzième siècle, on s'est mis à parler du Philosophe avec un grand p. Le Philosophe, c'était Aristote. Le même phénomène a joué dans le domaine des passions. Quand on parle d'un crime passionnel, personne ne pense à la colère. Par antonomase, la passion, c'est l'amour, comme la vertu, c'est la chasteté et le philosophe, Aristote.

Dans un monde où il n'y avait plus qu'un vice, l'impureté ; quand quatre-vingt-dix-neuf damnés sur cent l'étaient à cause de l'impureté, il était normal que la pureté s'arroge le nom de vertu, qu'elle devienne LA vertu. Toujours attentifs à l'usage reçu, les dictionnaires ont jugé nécessaire de consigner ce sens nouveau du mot *vertu*.

Le mot *vertu* continuera de faire sourire encore longtemps, sans doute ; longtemps encore, il sera ironiquement dit ; on ne le rencontrera pas de sitôt dans les livres les plus lus. Mais qu'importe, au fond. Les mots peuvent bien passer, pourvu que demeurent les choses qui doivent durer. Qu'on parvienne ou non à réhabiliter le mot *vertu*, l'essentiel, c'est de réinventer la réalité qu'il signifiait au temps de sa gloire et de parler de cette réalité en des termes qui n'irritent pas les gens de notre époque.

Pour la réinventer, il suffit de regarder agir les hommes dans l'un ou l'autre des domaines de leur activité. Au baseball, le lanceur qui désire ajouter la balle tire-bouchon ou la balle papillon au registre de ses lancers multiplie les exercices. Le funambule n'a pas marché au premier essai sur la corde raide. Le contorsionniste n'a pas, du premier coup, rapiécé son pantalon sans le retirer.

Dans quelque domaine que ce soit de l'activité humaine, (musique, peinture, sculpture, danse, judo, escrime, etc.), c'est par des exercices longtemps répétés qu'on en arrive à exécuter avec facilité, perfection et plaisir ce en quoi on désire exceller.

Quand les exercices répétés portent sur une inclination naturelle dont on veut régler les actes, le résultat est une habitude qui a nom vertu morale. La justice n'est rien d'autre que l'habitude de rendre à chacun ce qui lui est dû. La sobriété n'est rien d'autre que l'habitude de boire comme il convient dans les circonstances. Le courage n'est rien d'autre que l'habitude de supporter comme il convient ce qu'il faut supporter et de combattre comme il convient ce qu'il faut combattre. Et il en est ainsi de toutes les vertus.

Dans chaque art et dans chaque sport, chaque difficulté nouvelle doit être vaincue par des exercices spéciaux et répétés. En devenant pianiste, on ne devient pas violoniste par surcroît. Chacun de ces arts est engendré par des exercices appropriés. Il en est ainsi dans le domaine de la morale. Les difficultés du boire diffèrent des difficultés du manger. Tel mange raisonnablement qui boit comme un trou. Tel autre est plus facilement courageux que chaste. Chaque difficulté nouvelle doit être vaincue par des exercices particuliers.

Le résultat en est une qualité stable, une disposition habituelle, fruit d'actes souvent et longtemps répétés, qui rendent l'action facile et agréable dans des domaines où elle était d'abord difficile et pénible. Cautionnée par Nietzsche, cette définition de la vertu morale retient davantage l'attention : « Encore une fois, écrit-il, ce qui importe avant tout ' sur la terre comme au ciel ', à ce qu'il semble, c'est d'obéir longuement et dans un seul sens : à la longue il en sort et il en est toujours sorti quelque chose pour quoi il vaut la peine de vivre, vertu, art, etc. ».

Nietzsche a cependant besoin d'une légère correction. La phrase suivante : « Il finit par en résulter quelque chose *pour quoi* il vaut la *peine* de vivre » doit être modifiée dans le sens suivant : « Il finit par en résulter quelque chose *par quoi* on peut vivre *sans peine.* » En effet, on ne vit pas *pour cela mais par* cela. Le virtuose vit *pour* la musique et il en vit *par* sa virtuosité.

Pour bien exécuter ce qu'il entreprend, le menuisier a besoin de multiples outils : marteau, scie, rabot, équerre, etc. Il agit *par* eux et non *pour* eux, cela est évident. Un menuisier peut travailler *pour* sa famille, mais celui qui dirait travailler *pour* ses outils ne manquerait pas d'étonner. De même, l'homme qui se conduit bien doit manger comme il convient, boire comme il convient, se distraire comme il convient, supporter certaines choses, en combattre d'autres, fuir certains plaisirs, dire certaines vérités, rendre à chacun ce qui lui est dû, etc. Les différentes vertus morales lui offrent leur aide comme les outils offrent la leur au menuisier. L'homme agit bien *par* ses vertus morales et non *pour* elles.

Ainsi comprise, et c'est ainsi qu'il faut la comprendre, la vertu morale n'a rien de rébarbatif. Elle s'ajoute à l'inclination naturelle pour la perfectionner, comme la scie s'ajuste à la main pour la servir. On peut briser une branche avec ses mains, mais il est plus facile de la couper avec une scie. On

peut, à l'occasion, boire raisonnablement sans un long entraî-
nement, mais les exercices répétés rendent la chose plus facile.
Celui qui a l'habitude de rendre à chacun ce qui lui est dû n'y
manquera pas facilement.

## Une ébauche de classification

Les moralistes nous présentent une immense gerbe de vertus ou de qualités morales, de principes d'action, de disposi-
tions constantes à agir (le dictionnaire français emploie l'une
ou l'autre de ces formules quand il doit définir ce qui s'appelait jadis une vertu) : sobriété, patience, douceur, générosité,
courage, justice, équité, prudence, tempérance, etc. Mais les
moralistes n'ont pas fabriqué de leurs mains les fleurs de ce gi-
gantesque bouquet : ils les ont cueillies dans le jardin de la
vie humaine. Promenons-y à notre tour nos pas.

Le pianiste n'est pas du même coup violoniste et harpiste.
Chaque instrument qu'on entend maîtriser exige des exercices
spéciaux et longuement répétés. Chaque instrument présente
des difficultés particulières à vaincre par des exercices appropriés. Il y a cependant des qualités communes, qui facilitent
l'apprentissage d'une technique nouvelle à celui qui en maîtrise déjà une.

Toute proportion gardée, il en est ainsi dans le domaine de
la morale. D'abord, l'homme sobre n'est pas juste et courageux
par surcroît. On peut, en effet, avoir dominé son penchant
pour les boissons alcooliques sans avoir en même temps réglé
son amour de l'argent et sa crainte de l'effort. Chacun de ces
domaines présente des difficultés spéciales à vaincre par des
exercices spéciaux. Et il existe des qualités communes, qui facilitent l'acquisition d'une vertu additionnelle à celui qui en
possède quelqu'une. Il est plus facile de devenir juste et sobre
quand on est déjà courageux que quand on est lâche.

Ceci dit, il semble bien qu'il ne puisse y avoir moins de qualités morales qu'il y a d'inclinations naturelles à contrôler et à perfectionner : inclination à boire, inclination à manger, inclination d'un sexe vers l'autre, inclination à la vengeance, inclination à vivre en société, etc. En outre, si une inclination présente plusieurs difficultés particulières, elle nécessitera des exercices différents et donnera lieu à plusieurs qualités morales.

Or, on peut réduire à quatre les difficultés ou les ennemis de la bonne conduite. Le premier, le pire de tous, c'est la peur. Dans son enfance, l'humanité a eu peur de tout : peur de la foudre, peur du vent, peur des ténèbres, peur des ennemis. L'homme enfant revit toutes ces peurs. Devenu adulte, il continue d'avoir peur. Il a peur de l'effort, mais il a surtout peur de l'autre, peur de son voisin. Le courage, qui contient cette peur dans de justes limites, est donc une qualité essentielle.

*peur → courage*

Le second ennemi de l'homme, c'est le plaisir. En soi, le plaisir est excellent ; il est même nécessaire. Il n'a pas été attaché à nos actes comme une vermine à secouer ; il y a été attaché comme une récompense et un stimulant. Mais il arrive fréquemment que l'homme, attiré par les plaisirs de la vie, omette ce qu'il devrait faire, se détourne de ce qu'il voudrait faire. Contre ce nouvel ennemi, l'homme s'arme de tempérance. C'est une qualité morale qui dispose à la modération dans la recherche du plaisir.

*plaisir → tempérance*

Le troisième ennemi de l'homme, c'est la richesse. Elle exerce sur l'homme une puissante séduction. L'homme désire le bonheur ; il adore sa liberté. La richesse lui promet l'un et l'autre. Et il est tenté, par conséquent, de l'acquérir à tout prix. La justice, en lui apprenant à rendre à chacun ce qui lui est dû, vient endiguer ce désir irrésistible de richesse.

*richesse → justice*

Enfin, le quatrième ennemi de la bonne conduite, c'est l'imprévoyance. L'imprévoyant ne voit pas plus loin que le bout de son nez ; il ne pressent pas les obstacles ; il ne discerne pas les circonstances ; il ne calcule pas les conséquences de ses actes. L'imprévoyance peut compromettre les meilleures décisions. La qualité qui correspond à ce défaut, c'est la prévoyance, comme la sécurité est le contraire de l'insécurité. Jadis, on parlait de prudence. Nous parlerons plus loin des difficultés que le mot soulève maintenant.

*imprévoyance*
*↓*
*prévoyance.*

Ces quatre principes fondamentaux de l'activité morale ont porté pendant une couple de millénaires le nom de vertus *cardinales*. Nous connaissons toujours bien les points cardinaux, les nombres cardinaux, les cardinaux de l'Église catholique, mais les vertus cardinales nous sont de moins en moins familières, même si le dictionnaire en perpétue inlassablement le souvenir.

L'adjectif *cardinal* vient d'un mot latin, *cardo*, qui signifie gond. Le mot *gond* s'emploie encore dans l'expression « sortir de ses gonds », que l'on applique à quelqu'un qui est hors de lui-même. Mais, pour bien comprendre cette formule, il faut se rappeler qu'on l'appliquait jadis aux portes. Les portes tournaient sur leurs gonds ; les gonds rouillés crissaient. Les portes ont sorti de leurs gonds avant les hommes.

Les gonds, c'étaient les pièces de fer en forme d'équerre sur lesquelles tournaient les pentures des portes et des fenêtres. La technique s'est modifiée ; nos portes et nos fenêtres ne tournent plus sur de tels gonds : le gond fait maintenant partie de la penture. Mais l'expression *vertu cardinale* remonte à cette époque, et elle a survécu à la disparition de ce genre de gonds.

Une porte à laquelle il manque un gond, ou dont les gonds sont en mauvais état, tourne mal. Par analogie, une vertu cardinale est une vertu qui joue un rôle semblable à celui des gonds d'une porte. Sans ces vertus dites cardinales, ou s'il en manque une, la vie humaine tourne mal ou ne tourne pas du tout.

J'ai dit au début de ce chapitre que le mot *vertu* était devenu quelque peu péjoratif et qu'il fallait prendre quelques précautions avant de le prononcer. D'après Paul Valéry, on ne le rencontre pas dans les livres les plus lus et les plus estimés de notre époque. J'ai conduit une petite enquête sur quelques-uns de ces livres. Il est vrai qu'on n'y rencontre pas le mot *vertu*. Par contre, à toutes les pages, il est question ou de courage, ou de patience, ou de justice, ou de modération. Cela suffit. Il n'est pas grave de détester le mot *fruit* quand on aime les pommes, les oranges, les pamplemousses, les pêches, les bananes et les ananas.

# 8

# le juste milieu

Il y a plus de deux mille ans, Aristote a enseigné que « la vertu morale consiste en un juste milieu ». Dans sa langue maternelle, le grec, l'expression « dans un juste milieu » se disait εν μεσότητι (prononcez : en' mésotêti, et ça va aller). La civilisation de langue latine, qui a succédé à la civilisation grecque, a recueilli la formule et l'a traduite par le mot latin *mediocritas*. Suivirent les Français, qui traduisirent *mediocritas* par *médiocrité*. Ronsard, au XVIe siècle, parle des vertus morales, qui consistent dans la médiocrité. Au siècle suivant, La Fontaine met dans la bouche de pauvres gens rendus malheureux par trop de fortune la prière suivante : « O Médiocrité, reviens vite » (*Fables*, VII, 6).

Mais un jour, l'usage, maître du bon parler, colla au mot *médiocrité* l'idée d'insuffisance. Le mot était devenu péjoratif. Il l'est demeuré. C'est pourquoi on ne peut plus parler avec Ronsard de la médiocrité des vertus morales. Il faut reparler du juste milieu aristotélicien, en ayant soin de couper tous les liens qui l'attachaient jadis à la médiocrité, car la médiocrité n'est plus ce qu'elle était.

Pour comprendre que l'idée de juste milieu n'est point une invitation à la médiocrité au sens actuel du terme, il suffit de scruter la formule à la lumière de situations prises sur le vif. Tout le monde admet (sauf ceux qui les touchent) que certains revenus sont trop élevés. Tout le monde admet (sauf ceux qui les versent) que certains salaires sont trop maigres. Tout le monde admet que certains produits coûtent trop cher ; que d'autres se vendent trop bon marché.

En matière de justice, on rencontre donc le trop (l'excès) et le trop peu (le défaut). Le juste milieu, en l'occurrence, ne fait pas de problème. Personne ne le prend pour de la médiocrité au sens péjoratif du terme. Personne ne taxe de médiocrité le geste qui coupe les revenus excessifs et qui arrondit les revenus trop faibles. C'est pourtant un effort vers le juste milieu.

Autre exemple. On sait que la sobriété est une vertu qui règle l'usage des boissons enivrantes. Sottement compris, le juste milieu en cette matière capiteuse demanderait à un homme qui a une capacité de dix onces en cinq heures de n'en ingurgiter que cinq : cinq est le milieu entre dix et zéro. Agir ainsi, ce serait tremper dans la médiocrité au sens péjoratif du terme.

Le juste milieu en cette matière ne se calcule pas en regard de la seule capacité du buveur, mais en tenant compte de toutes les circonstances. Elles sont innombrables : boire chez soi, boire devant les enfants, boire avant de prendre le volant, boire avant de jouer du bistouri, boire aux commandes d'un 747, etc. Ce qui est raisonnable dans un cas peut être excessif dans un autre. Pourtant, la capacité du buveur n'a pas changé. Mais les circonstances ont changé, et a changé du même coup le juste milieu. Chaque homme n'a pas son juste milieu de sobriété comme il a sa catégorie de sang : il en a mille.

Dernier exemple. Le juste milieu dans le châtiment. Il ne consiste pas à frapper moins fort qu'on le pourrait, à s'en tenir, par exemple, à la moitié de sa capacité de corriger. Le juste milieu consiste à punir comme les circonstances le demandent :

faute à punir, condition du coupable, etc. On peut facilement imaginer des cas où le juste milieu est inaccessible à un homme : tout ce qu'il peut donner ne suffisant pas.

À force d'insister sur l'idée de juste milieu ou de répéter l'*in medio stat virtus* (la vertu se tient au milieu), on a créé l'impression que vivre moralement, c'était vivre médiocrement ; que la vie morale était une vie monotone, une vie sans vertige ni angoisse, sans pics altiers ni gouffres profonds. Une vie psalmodiée.

Devant ceux que l'idée de juste milieu rend agressifs, il vaudrait mieux ne pas insister. Non seulement ils pourraient quand même se former une notion exacte de la morale, mais ils auraient la chance de s'en former une meilleure. En effet, définir la morale par le juste milieu, c'est comme définir le triangle par l'égalité à deux droits de la somme de ses angles intérieurs. C'est vrai, mais ce n'est pas l'essentiel.

Le triangle n'est pas une figure géométrique dont la somme des angles intérieurs est égale à deux droits ; il est une figure géométrique composée de trois droites qui se coupent deux à deux et se terminent à leur commune intersection. Étant tel, il s'ensuit que la somme de ses angles intérieurs est égale à deux droits. De même, la morale est essentiellement la science qui apprend à l'homme à régler sur la raison ses inclinations naturelles. Il s'ensuit qu'il évite également l'excès et le défaut, le trop et le trop peu, comme étant l'un et l'autre contraires au bon sens.

Insister sur l'idée de juste milieu en morale, c'est souligner l'effet au détriment de la cause. C'est assimilable à la définition enfantine du soleil par le bronzé de la peau ou de la piété par les mains jointes et les yeux baissés. Plus savamment, ce serait définir la lumière par la photosynthèse. Le soleil bronze la peau, d'accord, mais il est avant tout l'astre qui donne lumière et chaleur à la terre. Les astronomes, il va sans dire, en donnent une définition plus savante.

On a dit précédemment qu'un traité de morale pourrait s'écrire sans que le mot *conscience* ne soit utilisé. On peut dire maintenant qu'il n'y manquerait rien d'essentiel si l'on écartait l'expression *juste milieu*. Sa rencontre éventuelle, cependant, ne doit pas mettre les nerfs en boules. Quelques exemples additionnels le feront voir à l'évidence.

Pour celui qui chausse des 41, le juste milieu, c'est précisément 41 : 45, c'est trop long ; 37, c'est trop court. Et quand il promène ses 41, personne ne dira qu'il est médiocrement chaussé parce que d'autres passent avec des 44 ou des 47. Quant à celui qui porte des 49, il ne tombe dans aucun excès si son pied occupe tout l'espace offert par un 49.

Ce qui se produit dans la chaussure se retrouve à la table. Pour la religieuse contemplative, il est possible qu'une aile de poulet suffise ; pour le champion en haltérophilie, catégorie des super-lourds, il est possible que les deux ailes, les deux cuisses et la poitrine ne suffisent point.

Dans chaque situation, il y a un trop et un trop peu. La raison cherche ce qui convient entre ces deux extrêmes à éviter. Trop pour celui-ci, ce peut être trop peu pour celui-là. Bien plus, dans le cas d'un même homme, trop dans cette situation-ci peut être trop peu dans cette situation-là. L'expression *juste milieu* n'a donc rien, aux yeux de celui qui la comprend, qui justifie une crise de nerfs.

Avant de clore ce court chapitre, on pourrait peut-être se demander pourquoi il y a une quantité de nourriture qui convient aux petits estomacs, une autre aux grands, mais qu'il n'y a qu'un seul prix pour le pain, que la bourse du client soit gonflée ou qu'elle ait les flancs collés. Ne semble-t-il pas étonnant que la sobriété demande à chacun de boire ce qui est raisonnable dans les circonstances, mais que la justice ne fasse pas de même en demandant à chacun de payer toutes choses proportionnellement à sa fortune ? Il n'existe pas un prix pour les riches et un prix pour les pauvres. Les uns et les autres payent leurs pommes de terre, leur pain et leur beurre le même prix.

Comme les choses se sont toujours passées ainsi et qu'elles se passent ainsi partout à travers le monde, il faut en conclure ou bien que c'est une pratique raisonnable ou bien que le genre humain tout entier marche de travers. Nous avons dit plus haut, en parlant de la coutume comme règle de conduite, que ce que tout le monde ou la plupart des gens font ne peut être complètement faux, dénué de bon sens. Nous en avons un exemple merveilleux.

Imaginons un monde dans lequel les services rendus sont rémunérés proportionnellement à la fortune des bénéficiaires. Les coiffeurs ne voudraient coiffer que les riches, les électriciens ne voudraient chauffer et éclairer que les riches, les avocats ne défendraient que les riches, les médecins ne soigneraient que les riches. Essayons d'imaginer un supermarché dans lequel chacun paye selon sa fortune.

Le bon sens a toujours et partout interdit aux hommes d'aborder le problème sous cet angle. Partout et toujours, on l'a divisé en deux problèmes de plus petite taille : le problème des prix d'une part, le problème des revenus d'autre part. Les prix sont fixés selon certains critères, que les économistes étudient : offre et demande, rareté, coût de fabrication, etc. La solution de l'autre problème incombait aux gouvernements, qui devaient, qui devraient faire en sorte que les citoyens touchant les plus faibles revenus puissent au moins se procurer les choses nécessaires à une vie décente : salaire minimum, allocations de toutes sortes, impôts moins dévorants, etc.

Il s'ensuit une différence essentielle entre la justice et les autres vertus morales du point de vue du juste milieu. On forme des comités de sélection pour choisir le candidat qui convient à une fonction ; on forme des jurys pour attribuer les prix littéraires ou autres ; on forme des commissions de surveillance des prix, etc. Mais en matière de sobriété, de tempérance, de courage, on ne fait rien de tel : il appartient à celui qui pratique ces vertus de déterminer ce qui est trop pour lui et ce qui est trop peu. Bref, on peut soumettre à un juge ses problèmes de justice ; dans les autres cas, on est son propre juge, on est juge et partie.

C'est l'apanage de la justice de pouvoir être arbitrée. Ne lui retirons pas ce privilège. Ce privilège ? Non, cette propriété. Car la justice est arbitrable comme la sphère roule, c'est-à-dire en vertu de ce qu'elle est. On peut rendre la justice ; on ne peut pas rendre la tempérance. Refuser l'arbitre, c'est opter pour la justice du fleuret. Il suffit de regarder autour de soi pour la juger à ses fruits.

# prudence
# et prospective

Au moment où j'écris ces lignes (automne 1975) passe régulièrement sur le petit écran le message suivant : « Chasseur prudent, chasseur vivant.» Dans l'esprit des gens qui ont conçu le message, il semble bien que ce soit la prudence qui ramène vivants les chasseurs, mais qu'elle ne se soucie pas de savoir s'ils sont bredouilles ou pas. Cette prudence ne les aide pas à « tuer » (comme disent les chasseurs) ; elle leur évite d'être tués. C'est déjà beaucoup, j'en conviens : il vaut évidemment mieux revenir vivant et bredouille que d'être soi-même allongé d'une balle en travers de son orignal.

L'emploi en ce sens du mot *prudence* est devenu courant, et les dictionnaires l'ont consigné. Ouvrez-en un au hasard et vous lirez, au mot *prudence*, quelque chose comme suit : qualité qui permet d'éviter erreurs et malheurs. Et l'on vous renverra sans doute au mot *précaution*. Quand on donne des conseils de prudence aux chasseurs ou aux automobilistes, il est clair que l'accent porte sur les malheurs à éviter.

Pour la plupart des gens, la prudence est une attitude de timide ; elle exclut la rapidité, l'audace, le risque. Voltaire en parlait comme d'une « sotte vertu ». Certains propos, cependant, résonnent encore parfois comme un écho du fond des siècles qui ont connu une autre prudence. C'est ainsi que, dans *Option Québec*, René Lévesque parle de moments où le courage et l'audace tranquille deviennent la seule forme de prudence convenable ; des moments où il convient de prendre des risques calculés (p. 38). Il n'est pas impossible qu'en faisant la généalogie de notre prudence craintive nous lui découvrions une aïeule plus brave.

Cependant, quel que soit le sort que les mots ont connu, ce qui importe, ce sont les réalités qu'ils signifient. M'importe peu le nom que l'on donne à l'air, du moment que j'en ai à respirer ; peu importe au poisson le nom que l'on donne à l'eau, s'il en a abondamment et de la pure pour évoluer. Si donc ce que l'on appelait jadis prudence est essentiel à la bonne conduite de la vie, il ne s'est pas perdu ; nous le retrouverons sans doute caché sous un autre mot.

Le premier mot qui vient à l'esprit, quand on pense aux choses nécessaires à la bonne conduite de la vie, il semble que ce soit le mot *expérience*. On a confiance au pilote qui a une longue expérience, ou au médecin, ou à l'ingénieur. Par contre, on est toujours un peu craintif au moment de confier sa vie ou sa santé à des mains novices. Et parce que la conduite des affaires humaines est fort difficile, on fait de l'expérience l'apanage de la vieillesse. On concédera aux jeunes le courage et la bonne volonté, mais non point l'expérience. Celui qui a longtemps exercé un métier ou une profession est censé en connaître toutes les difficultés. Ce n'est pas à un vieux singe qu'on apprend à faire des grimaces. L'expérience apparaît et est définie comme une lente accumulation de connaissances se rapportant à un domaine de l'activité humaine : navigation, éducation, politique, sport, etc.

Mais comme l'expérience est toujours courte par quelque endroit (il est impossible au même homme de vivre toutes les situations qui peuvent se présenter dans un métier ou une profession), l'homme le plus expérimenté doit sagement profiter de l'expérience des autres. Le vieux singe peut quand même tirer profit à regarder grimacer ses congénères même plus jeunes. Il n'est pas impossible que l'un d'eux détienne le secret d'une nouvelle grimace. Cette qualité de celui qui, malgré sa longue expérience, sait écouter, les Anciens l'appelaient la docilité. Elle s'imposait comme une sorte de supplément à l'expérience. Mais le mot docilité fait trop penser à l'enfant sage et au bœuf docile. Nous lui avons substitué l'expression *savoir écouter*, qui ne choque pas.

Par contre, il est des conjonctures où il faut se décider vite et seul : vite, faute de temps ; seul, faute de conseillers. Les Contemporains ont vu la nécessité de cette nouvelle qualité. Dans *La formation culturelle des cadres et des dirigeants,* Joseph Basile écrit qu'on a besoin de chefs capables de résoudre « rapidement l'inédit ». Les Anciens avaient donné un nom barbare à cette qualité : la solertia ! Nous avons laissé tomber le mot, mais la chose est encore nécessaire. Le mot abandonné, il se présente quand même des situations où un homme doit trancher vite et seul. Certains esprits possèdent cette qualité de le faire, tandis que d'autres paniquent.

Pour flétrir le malhabile, on dit souvent : il ne voit pas plus loin que le bout de son nez. Fondent sur lui des malheurs qu'il n'avait pas prévus et qu'il aurait évités s'il avait allongé son nez d'une saine prévoyance. Gouverner, c'est prévoir. Prévoir ce qui va se produire (une grève longue, des mesures de répression, des complications postopératoires, etc.) ; le prévoir afin d'être en mesure d'y pourvoir, d'être en mesure de faire le nécessaire, comme on dit.

De plus, les circonstances de l'action concrète varient presque à l'infini. Il s'ensuit que les méthodes ou les moyens, efficaces dans un cas, s'avèrent inopérants dans un autre du même genre, pourtant ; efficaces aujourd'hui, inefficaces demain ; efficaces en Europe, inefficaces en Amérique, les circonstances n'étant point les mêmes. L'homme avisé doit tenir compte des circonstances de l'action à poser. On devrait dire qu'il est circonspect, la circonspection incitant précisément à « prendre garde à toutes les circonstances », comme dit le dictionnaire. On le dit peu, mais on ne doit pas moins le faire.

Enfin, il est très difficile aux hommes d'atteindre les fins qu'ils poursuivent. Mille obstacles se lèvent qu'ils doivent contourner ou vaincre. Dès qu'un obstacle se dresse, qu'on n'avait pas prévu, on s'accuse (ou on est accusé) d'avoir manqué de précaution. La précaution porte précisément sur le mal à éviter. Le rôle de la précaution est tellement considérable dans la vie humaine qu'on a fini par identifier la précaution à la prudence. On voit des panneaux de signalisation routière qui traduisent le mot anglais *caution* par *prudence*. À parler strictement, cette prudence n'est que de la précaution.

Toutes ces qualités nécessaires à la bonne conduite des affaires humaines (politique, éducation, médecine, navigation, chasse, etc.), les Anciens les avaient groupées en un faisceau qu'ils désignaient du nom de prudence. Pour eux, le mot évoquait chacun de ces aspects, chacune de ces qualités. Le mot n'est plus employé en ce riche sens ; il ne signifie plus d'ordinaire que la précaution, mais rien n'a été perdu de la réalité, qui se présente cependant éparpillée. On n'a plus de bouquet, on a des fleurs.

Il semble pourtant qu'un autre mot soit venu s'imposer comme substitut : le mot *prospective*. À la lumière de ce qui vient d'être dit, il est on ne peut plus révélateur de lire les théoriciens de la prospective. J'en prends quelques-uns au hasard de mes lectures. D'abord, Pierre Massé, qui écrit, dans *Le plan ou l'anti-hasard*, que tout programme d'action (planification d'un système d'éducation ou d'une partie de chasse, d'une opération chirurgicale ou financière) doit comporter une partie à l'encre et une partie au plomb. La partie au plomb peut s'effacer s'il est besoin de s'ajuster à des circonstances nouvelles (p. 41). Et c'est la vieille circonspection qui refait surface à travers les jolies métaphores de Pierre Massé.

Dans *Phénoménologie du temps et prospective*, Gaston Berger, le fondateur de la prospective, dégage le caractère principal de l'attitude prospective : « voir loin » (p. 271). Or, dans sa *Somme théologique*, Thomas d'Aquin désigne par le verbe latin *prospicere*, voir loin, l'acte principal de la prudence. Le mot prospective est donc dérivé du verbe latin par lequel on désignait jadis l'acte principal de la prudence : voir loin, c'est-à-dire prévoir.

Dans le même ouvrage, Gaston Berger met en garde les adeptes de la prospective contre ce qu'il appelle les « extrapolations linéaires ». Extrapoler linéairement, c'est appliquer sans examen à Jacques le traitement qui a réussi dans le cas de Pierre, par exemple ; c'est appliquer sans examen en Afrique ce qui a réussi en Europe ; c'est appliquer sans examen à notre époque ce qui a réussi à une autre époque. Non, dit Berger, il faut « voir large : rien ne remplace le colloque entre hommes d'expérience ». L'expérience réapparaît donc et, par le colloque, cet indispensable savoir écouter.

Revenons à Joseph Basile, que nous avons déjà cité. L'avenir a besoin de chefs capables de « résoudre rapidement l'inédit » (p. 73). Sans le moindre effort, on reconnaît la barbare « solertia » qui revient au galop comme le naturel. On ne donne plus de nom à la qualité qui habilite à résoudre rapidement l'inédit, mais on reconnaît que les chefs doivent en être capables.

Revenons aussi à Pierre Massé. La prospective, écrit-il, « cherche à imaginer, pour y parer, l'imprévu » (p. 33). Comment ne pas reconnaître l'antique précaution, partie de la prudence ? La précaution s'apparente à la prévoyance, il est vrai, mais elle s'en distingue en ce qu'elle se spécialise, pour ainsi dire, dans le mal à éviter.

Enfin, la prospective « prend des risques », dit Gaston Berger dans le même ouvrage (p. 274). La prudence des Anciens en prenait elle aussi. Celui qui ne veut prendre aucun risque, affirme Thomas d'Aquin, doit s'abstenir de tout (chasse, pêche, voyages, etc.), car il y a des risques partout.

En face de ces textes, on a l'impression que si le mot *prospective* est nouveau, l'attitude ou la qualité qu'il signifie est ancienne. Au fond, c'est la prudence antique et médiévale qui rentre en scène avec un nouveau masque tout simplement.

Pour la bonne conduite de la vie (objet de la morale), il va sans dire que l'expérience est fort précieuse ; qu'il faut s'enrichir de l'expérience des autres en demandant conseil ; qu'il faut tenir compte des circonstances qui varient sans cesse ; qu'il faut voir plus loin que le bout de son nez ; qu'il faut user d'infinies précautions dans un monde où l'action est entravée par mille obstacles. La somme de tous ces gestes a déjà porté le nom de prudence ; elle porte maintenant le nom de prospective.

Cela importe peu, au fond. Pour le comprendre, comparons la prudence et ses parties au corps et à ses organes. Il est préférable de savoir que l'on a un cœur, un foie, un estomac, des yeux, des mains, des pieds, etc. et d'ignorer que la somme de tous ces organes porte le nom de corps que de savoir que l'on a un corps et d'ignorer ce qu'il contient d'organes divers dont il faut prendre soin un à un.

De même que la santé du corps résulte du soin que l'on prend de chacun des organes qu'il contient, la prudence résulte du développement de chacune des parties de la prudence. On a oublié le foie, et la santé est compromise. On a oublié la circonspection, et la prudence est compromise. Et il en est ainsi de toutes les autres parties.

Sachant ce que contient d'organes le corps humain, on sait comment s'acquiert et se conserve la santé. Sachant ce que contient de parties la prudence, on sait du même coup comment elle se cultive.

## Prudence et conscience

Plus d'un, sans doute, a commencé à tourner et à retourner dans son esprit ces deux pièces (prudence et conscience) se demandant comment elles s'ajustent l'une à l'autre. Pour le découvrir, rappelons que la conscience (antécédente, en l'occurrence) porte des jugements du genre suivant : je dois protester, je dois exhorter, je dois me marier. C'est alors que la prudence fait son entrée pour que la protestation porte fruit, pour que l'exhortation persuade, pour que le mariage amène le bonheur. Bref, la conscience décide, la prudence exécute. En d'autres termes, la conscience fixe la fin à poursuivre, la prudence choisit et applique les moyens de l'atteindre.

Une fois prise la décision de se marier, il y a des précautions à prendre, des situations à prévoir, des circonstances à considérer, des conseils à écouter, de l'expérience à exploiter. Tout cela, c'est la prudence à l'œuvre, la prudence les manches retroussées.

Quand on conçoit ainsi la prudence, et c'est bien ainsi qu'il faut la concevoir, on ne peut exagérer son rôle dans la bonne conduite de la vie. Tout le bien que l'homme décide d'accomplir dans quelque domaine que ce soit de son activité (justice, tempérance, sobriété, etc.), c'est la prudence qui lui permet de le bien faire. Le bien doit être *bien* fait, sinon il se transforme en mal. Un bon conseil, c'est bien ; mais s'il est gauchement donné, il devient inefficace. Or c'est la prudence qui apprend à le bien donner. Elle empêche le bon conseil de devenir mauvais.

La prudence, qui assure la bonne réalisation de tout ce à quoi les différentes vertus inclinent l'homme, est donc appelée à juste titre la mère des vertus. Elle les engendre. Sans elle, les actes des vertus sont viciés. Les autres vertus doivent donc à la prudence d'être des vertus.

À la lumière de ces considérations, reprenons notre « chasseur prudent, chasseur vivant » du début. Dans cette formule, il est évident que le mot *prudence* est pris au sens de précaution. Pour parler rigoureusement, il faudrait dire : chasseur précautionneux, chasseur vivant. Mais comme la prudence choisit et met en oeuvre les moyens d'atteindre une fin visée, le chasseur prudent ne devrait pas revenir bredouille. Si l'on avait demandé à un Ancien de compléter : chasseur prudent . . . , il aurait écrit : ne revient pas bredouille. Il ne s'égare pas, ne se blesse pas, ne se fait pas tuer, à cause de la précaution que comporte la prudence, mais la prudence comme telle, qui est une habileté à atteindre les fins que l'on poursuit, lui permettra de tuer.

# 10

# la justice

Quand on prononce certains mots, les oreilles se ferment ; quand on en prononce d'autres, elles s'allongent. Le mot *justice* appartient à cette seconde catégorie. Pourquoi ? parce que tout le monde, du plus petit jusqu'au plus grand, du moussaillon au commandant, se croit chaque jour victime de quelques injustices. Et c'est à l'injustice que l'homme est le plus sensible.

Remarquons d'abord que l'homme est un écorché vif sous les injustices qu'il subit, mais un pachyderme devant celles qu'il commet. Si c'était l'injustice comme telle (sans distinction de subie ni de commise) qu'il ne pouvait tolérer, il ne la commettrait pas plus qu'il ne la supporte. Comment donc expliquer son désarroi devant l'injustice qu'il subit ?

L'homme a besoin de sécurité. Or, c'est la rencontre d'un autre homme qui constitue pour lui la plus grande menace à sa sécurité. L'homme est un loup pour l'homme, a-t-on dit par euphémisme. En effet, l'homme est pour l'homme plus dangereux que les choses (vent, grêle, foudre) et plus dangereux que les plus dangereux des animaux. Il est plus mystérieux et plus imprévisible que la foudre ou la bête féroce. Que mijote-t-il dans sa méchante caboche ? quand frappera-t-il ? L'injustice subie justifie cette peur de l'autre et l'alimente.

L'enfant, le plus insécure des êtres humains, n'est d'abord sensible qu'à l'injustice. La première notion de morale qu'il forme, c'est la notion de justice. Et cette notion germe et croît dans le terreau riche et abondant de son insécurité.

L'homme se comporte différemment envers la tempérance. Il a l'impression qu'il sera tempérant s'il en décide ainsi. Il se reconnaît un certain contrôle de ce genre d'actes. Dans l'injustice subie, au contraire, ce contrôle lui échappe. Et il se sent menacé dans sa nature même d'homme, être libre et responsable.

En caricaturant un peu, on pourrait dire que la justice est la vertu la mieux connue et la moins pratiquée. Elle est bien connue parce qu'elle porte un nom qu'on a l'habitude d'employer correctement en toute occasion sous l'une ou l'autre de ses formes : justice, juste, ajuster, etc. On ajuste un manche à un outil ; on ajuste un complet, un costume, une paire de souliers ; le mécanicien ajuste les freins d'une voiture ; l'archer ajuste son tir ; le musicien ajuste son instrument.

Il fut un temps où l'on disait *injuste* n'importe quelle de ces choses qui « ne faisait pas », qui n'était pas ajustée. On parlait d'un manche de marteau *injuste*! On ne le dit malheureusement plus. Et la clarté du langage y a perdu quelque chose. Si l'on disait encore : un manche de hache injuste, on comprendrait sans explication les expressions : salaire injuste, charge de travail injuste, impôts injustes.

Il est manifeste, à la suite de ces exemples, que les mots *juste, justice, ajuster* n'ont de sens que s'il y a deux choses de confrontées : une clef et un écrou, un pied et un soulier, un salaire et un travail. En l'absence de pieds, il n'y a pas de souliers ajustés. Dans la vitrine, aucun complet, aucune robe ne sont ajustés. Pour dire d'un salaire s'il est juste ou injuste, on considère spontanément le service qu'il rémunère (devenu plus sage, on considérera d'abord l'homme qui le touche comme son unique moyen de subsistance ; le service qui ne vaut pas le pain quotidien doit être aboli).

Dans la vie, il y a des actes qui, à première vue, ne concernent que celui qui les pose. Seul chez moi, je décide de prendre un verre ou de ne pas le prendre ; je décide d'en prendre un ou plusieurs. Seul sur une plage solitaire, je décide de me faire dorer au soleil avec ou sans feuille de vigne. Vous projetez dans le cinéma de votre tête impure des films pornographiques, et vous soutenez que ça ne regarde que vous-mêmes.

Mais, la plupart du temps, les actes humains ne concernent pas que celui qui les pose. Il m'importe que vous payiez vos impôts, sinon j'en devrai payer davantage. Le travail que vous ne faites pas, d'autres devront s'en surcharger. Il importe à quelqu'un que vous dénonciez certaines choses et mettiez ainsi en danger votre propre sécurité. À moins que vous ne soyez fous et parliez tout seuls, vos paroles atteignent toujours l'autre pour l'aider ou lui nuire.

Les actes mêmes qui, à première vue, ne concernent que nous-mêmes finissent presque toujours par rejoindre quelqu'un. Aujourd'hui, vous prenez un verre de trop, vous rognez sur votre sommeil ; demain, chirurgien, votre main sera moins sûre ; professeur, vous manquerez de patience ; électricien, vous oublierez une connexion. Vous arrosez aujourd'hui votre cerveau de pensées voluptueuses ; demain, vous aurez les mains longues et le regard lascif. Femme, je crains pour mon mari ; mari, je crains pour ma femme. Aussi, Voltaire était-il myope comme une taupe quand il disait : « Que m'importe que tu sois tempérant ? »

Et l'on a à juste titre donné le nom de *justice* à la vertu qui règle les actions humaines dans lesquelles l'autre, ou d'autres sont impliqués : problème des salaires, des charges de travail, du vol, de la diffamation, du commandement, de l'obéissance, du mensonge, de la calomnie, de la médisance, etc. À juste titre parce que, dans tous ces cas, il y a toujours deux choses à ajuster, à proportionner. C'est un secteur immense de l'activité humaine qui s'ouvre ainsi devant nous avec la justice.

Chaque fois, donc, que nous employons l'épithète *juste*, nous sommes en présence de deux choses, et ces deux choses sont dites justes parce qu'elles sont ajustées, proportionnées, qu'elles présentent une certaine égalité. Le gant qui fait juste, c'est le gant en quelque sorte égal à ma main, proportionné à ma main. Le juste salaire, c'est le salaire égal au service que je rends, proportionné au service que je rends, mais *d'abord* et dans tous les cas proportionné au coût d'une vie vraiment humaine. Cette idée d'égalité est essentielle à la notion de justice.

Or le salaire égal, proportionné au service que je rends, je trouve normal de l'exiger ; je crois qu'il m'est dû. La charge de travail trop lourde pour mes épaules, je trouve normal de la faire alléger. Si elle est trop légère, on se tait, mais ce n'est pas sous l'inspiration de la justice. La conclusion s'impose : ce qui est proportionné, ce qui est égal de quelque manière est dû. L'égalité engendre le dû.

La justice porte donc sur « ce qui est dû à autrui » (qu'on l'appelle le juste ou le droit, peu importe) en raison d'une certaine égalité, d'une certaine proportion. Et comme elle a pour rôle de régler effectivement la conduite humaine (et non point seulement de réfléchir sur la conduite humaine), elle ne se borne pas à déterminer l'égalité : elle doit la réaliser. L'échelle de salaires détermine l'égalité ; le chèque de paye la réalise. La convention collective détermine la charge de travail ; la distribution des tâches la réalise. On n'est pas juste du seul fait d'avoir dit en se tordant les mains que les aliments qui pourrissent dans certains entrepôts devraient être servis sur la table des affamés ; on est juste quand on les sert effectivement. Le patron qui dit, le visage allongé : « Je sais que vous méritez le salaire que vous demandez, mais je ne puis vous le verser », n'est pas juste. Il veut, apparemment, être juste. Il ne le sera que le jour où, s'étant rendu capable de le verser, il le versera. La justice ne se nourrit pas de bonnes intentions.

## Justice particulière, justice générale

Le premier qui a introduit des divisions à l'intérieur de la justice ne l'a pas fait sur le témoignage d'Aristote, de Karl Marx ou de Jean XXIII. Il l'a fait, forcément, à partir de la vie humaine qui se déroulait sous ses yeux. Celui qui étudie les serpents, l'ophiologue, si vous me permettez, en distingue bien vite des espèces, auxquelles il trouve utile de donner un nom distinctif : crotale, boa, couleuvre, etc. Au lieu de dire : « le serpent très venimeux qui porte au bout de sa queue une succession de cônes creux produisant un bruit de crécelle », on dit : le crotale. Avouons que c'est commode.

La justice, comme le serpent, contient peut-être des espèces, auxquelles il serait pratique de donner un nom particulier. Essayons de le voir en évoquant par un mot les problèmes que la vie réelle pose quotidiennement à l'homme : diffamation, école, pompier, vol, police, électricité, circulation, homicide, hôpital, salaire minimum, chasse, pêche, fraude, aqueduc, vidanges, pollution, assistance sociale, etc.

De cet ensemble, on pourrait chercher à former deux sous-ensembles. Avec un peu d'aide de la part de leurs professeurs, la plupart des étudiants finiraient par distinguer les deux cas suivants : un premier cas où c'est le bien commun qui est directement en cause (pollution, survie de l'orignal, hôpital, école, circulation, etc.) ; un second cas où c'est le bien particulier qui est immédiatement en cause (vol, diffamation, fraude, homicide, etc.).

Soulignons davantage la distinction qui existe entre ces deux sous-ensembles à l'aide des exemples suivants : quelqu'un me vole un cochon, quelqu'un d'autre tue un orignal en temps prohibé. Il m'appartient de traîner devant les tribunaux le voleur de mon cochon ; il appartient au gouvernement de poursuivre le braconnier. Dans le premier de ces deux cas, on est dans le domaine des particuliers ; dans le second, on est dans le domaine du peuple, qui charge son gouvernement de veiller au bien commun.

Dans tout acte de justice ou d'injustice, l'autre ou autrui est toujours impliqué. Et, à partir des exemples apportés, on est en mesure de voir que l'autre peut être un simple citoyen ou le peuple tout entier, mais personne en particulier.

Quand l'autre est un individu, un citoyen, on parle de justice particulière. Le mot *particulier* s'emploie, en effet, comme nom commun pour désigner la personne privée, le simple citoyen, l'individu. Un étrange particulier, c'est un étrange individu. Dans certaines circonstances, le chef demande à être traité comme un simple particulier. Le mot *particulier,* qui a donné son nom à la justice particulière, est moins courant que le mot *individu,* mais il est tout à fait français. Et la justice particulière, c'est la justice qui se termine à l'individu, au simple citoyen.

Avant de faire un pas de plus, remarquons que le mot *particulier* dérive du latin *pars*, qui signifie partie. À côté de la justice qui concerne la partie, le simple citoyen, il est logique que l'on pose la justice qui concerne le tout, c'est-à-dire le peuple tout entier. Quand on fait partie d'un groupe, on peut être injuste envers un membre quelconque du groupe en lui volant de l'argent, sa montre ou sa réputation ; on peut être injuste envers le groupe tout entier en nuisant au bien commun en vue duquel il s'est constitué.

Le nom de cette nouvelle espèce de justice, qui impose aux citoyens tout ce qui est nécessaire au bien commun, n'est pas bien fixé. Jadis, on a parlé de justice *générale* et de justice *légale* ; depuis moins d'un siècle, on parle de justice *sociale.* Ces trois épithètes sont loin d'évoquer d'emblée le dévouement au bien commun, qui caractérise la justice dont il est question. Essayons de les décrasser un peu.

Pour comprendre l'expression *justice générale*, il est utile de la rapprocher d'autres expressions, courantes celles-là, comme médecine générale, entrepreneur général. La médecine générale s'occupe de l'ensemble de l'organisme, en dehors de toute spécialisation. L'entrepreneur général a un registre plus étendu que l'entrepreneur de peinture ou de plomberie. L'épithète *général* désigne, dans ces deux exemples, une zone d'influence. C'est en ce sens que la justice dont nous parlons est dite *générale*. Elle inspire le souci du bien commun aussi bien à celui qui pratique la sobriété qu'à celui qui pratique la patience ou la libéralité. Son influence s'étend à toutes les vertus comme celle de la médecine générale s'étend à tous les organes.

L'expression *justice légale* rappelle, d'une part, que les lois que le législateur élabore et promulgue doivent tendre à assurer le bien commun ; elle rappelle, d'autre part, que ces lois-là ne sont justes que par leur conformité à la loi naturelle. Quand ces deux conditions ne sont point respectées, le légal est étranger à la justice.

L'expression maintenant à la mode, c'est *justice sociale*. Elle court sur toutes les lèvres depuis environ un siècle. Elle devrait évoquer d'abord le dévouement au bien commun et, en second lieu, la répartition du bien commun entre les membres de la communauté. Plus sensibles à ce qu'ils ne reçoivent pas qu'à ce qu'ils devraient donner, les hommes ont tôt fait de déplacer l'accent du dévouement à la répartition. Et c'est ainsi que personne ne parle plus d'injustice sociale quand un citoyen manque à ses devoirs envers le bien commun. Il n'y a plus d'injustice sociale que quand un citoyen ne reçoit pas la part qui lui revient du bien commun. Bref, la justice sociale, qui englobe la justice distributive, a fini par s'identifier à cette dernière.

En désespoir de cause, on a inventé d'autres expressions, *devoir social*, par exemple, pour rappeler aux gens la nécessité de n'oublier jamais le bien commun. Quoi qu'il en soit du vocabulaire utilisé, on s'accorde à dire qu'il se commet des injustices aussi bien envers le groupe, envers le peuple tout entier, qu'envers un membre du groupe, un citoyen du peuple. On est donc justifié de poser, à côté de la justice particulière, une autre espèce de justice qui entretient le souci du bien commun.

La plupart des gens, cependant, sont quasi insensibles aux fautes commises contre cette espèce de justice. Pour bien des consciences, voler le gouvernement, ce n'est pas voler. Pourquoi ? Voler cinq dollars à un pauvre, c'est grave ; voler cinq dollars à un millionnaire, c'est une peccadille. Et l'on assimile le gouvernement à un multimillionnaire sinon à un milliardaire. Détourner quelques milliers de dollars, voire quelques dizaines de milliers, du budget milliardaire du bien-être social, c'est une bagatelle, pense-t-on.

Une bagatelle, si l'on identifie le tas de millions du gouvernement à la fortune d'un seul homme ; mais, c'est quelque chose, si l'on pense que ces millions représentent toute la fortune (il faudrait dire l'infortune) de deux cent mille pauvres. La fortune totale (un milliard), c'est la pauvreté de chaque pauvre : cinq mille dollars chacun. Aveuglé par les millions, l'œil myope ne voit pas les mains tendues.

Ce genre de voleur a de l'imagination. Dix mille dollars, cela fait cinq cents par tête de pauvre. Cinq cents sur un revenu de cinq cent mille cents, c'est insignifiant, allons donc ! La force persuasive de ce raisonnement repose sur l'hypothèse optimiste que notre voleur n'aura pas d'imitateurs. Rien n'est moins sûr : le pourceau qui sommeille en tout homme a les ergots croches !

Un gouvernement le moindrement sérieux ne saurait fonctionner sur la base d'une telle hypothèse. Un gouvernement réaliste glisse sur les cinq cents millions pour ne considérer que la part de chaque pauvre : cinq mille dollars. Celui qui dérobe cinq mille dollars dérobe la part entière d'un pauvre. Et c'est un crime.

Quelques comparaisons promettent un peu de lumière additionnelle. On parle bien d'un peuple, mais c'est une abstraction. Ce qui existe, ce sont des citoyens. Quand quelqu'un tue un citoyen, ce n'est pas le peuple qu'il rogne d'un millième de millimètre ; c'est un citoyen tout entier qu'il supprime. Arracher un cheveu, ce n'est pas la même chose que de couper d'un millimètre une chevelure.

Je crains de ne pas avoir convaincu tout le monde... On continuera sans doute de dire : voler le gouvernement, ce n'est pas voler. Si le peuple tout entier, considéré comme un seul homme, volait le gouvernement, ce ne serait pas voler. Je ne me vole pas quand je prends cent dollars dans ma poche. Mais quand un citoyen prend dans la caisse du gouvernement ce qui appartient au peuple, il vole.

On dit aussi couramment : c'est le gouvernement qui paye, comme si c'était la même chose que de dire : c'est Bell Canada qui paye. Grossière confusion. Le gouvernement paye comme paye un caissier quand il distribue de l'argent qui ne lui appartient pas. Ces distinctions n'ont rien de bien subtil.

## Justice distributive, justice commutative

Il est maintenant acquis que *l'autre*, toujours impliqué dans la justice (comme « le reptile à corps cylindrique très allongé » est toujours impliqué dans le serpent) peut-être un simple citoyen (c'est le cas de la justice particulière) ou le peuple tout entier auquel on appartient (c'est le cas de la justice, qui répond à plusieurs noms).

L'existence du protecteur du citoyen nous incite à faire une distinction nouvelle, à l'intérieur de la justice particulière, cette fois. Prenons des exemples où un simple citoyen se sent lésé dans ses droits. On rémunère mal le service qu'il rend à la société ; on exige de lui un loyer exorbitant ; on a porté atteinte à sa réputation ; il a difficilement accès aux services de santé ; les facilités d'éducation lui sont peu accessibles.

Ces exemples présentent deux sortes de cas : d'abord, des cas où le citoyen lésé est lésé par un autre citoyen. Ceci se produit quand on prend ses poules sans rien lui donner en retour ; ou bien quand il est forcé de les vendre à un prix dérisoire ; ou bien quand on rémunère mal le service qu'il rend.

Ces cas et ceux du même genre ont un dénominateur commun : ce sont des échanges. Or, en latin, échanger se dit *commutare*. C'est pourquoi on a donné le nom de justice *commutative* à cette espèce de justice, qui règle les échanges dont le lien social est tressé.

La société est essentiellement échange de services : l'un construit, un autre habille, un autre guérit, un autre amuse, un autre instruit, un autre nourrit, un autre nettoie, etc. C'est le besoin d'échanger qui a amené les hommes à vivre en société, et c'est la possibilité d'échanger qui les attache à la société. Conséquemment, tout vice dans les échanges attaque la racine même de la société. La justice commutative veille donc à ce que les échanges soient justes ; elle veille à ce que personne ne donne ses services quand d'autres vendent les leurs à prix d'or.

Dans les autres cas que nous avons apportés (accès inégal à l'éducation, aux services de santé, disproportion dans les salaires, etc.), le citoyen n'est pas lésé par un autre citoyen, mais par la société elle-même à laquelle il appartient. Il se plaint de ne pas recevoir sa juste part du bien commun qu'il a contribué à amasser. Le bien commun lui semble mal partagé.

On a appelé justice *distributive* la justice qui veille à ce que chacun reçoive la part qui lui revient du bien commun. Cette longue épithète est formée de deux mots latins. D'abord, un préfixe, *dis*, qui recèle l'idée de partager, de séparer. La justice distributive commence donc par faire des parts du bien commun : part des médecins, part des enseignants, part des assistés sociaux, etc.

Mais, pour mériter le nom de *justice*, elle ne doit pas se borner à déterminer la part de chacun : elle doit la lui donner. D'où l'autre mot latin, *tribuere*, qui signifie donner. La justice distributive commence donc par faire les parts du bien commun qui reviennent à chacun en raison de ses mérites et de ses besoins ; elle exige ensuite que ces parts arrivent à leurs destinataires.

L'importance de la justice distributive est tout aussi facile à mesurer que l'importance de la justice commutative. En effet, on se réunit en société pour atteindre, en équipe, un niveau de vie qu'on est incapable d'atteindre seul. Ce niveau de vie est fait d'écoles, d'hôpitaux, d'assistance sociale, de routes, de terrains de jeux, de centres culturels, etc. L'ensemble de tous ces services, de toutes ces richesses amassées ou organisées par les efforts de tous et de chacun a nom bien commun.

Or il est évident que les citoyens ne doivent pas adorer ce veau d'or. Ils ont droit de s'en servir dans la mesure où ils l'ont servi, où ils ont contribué à le réaliser. La juste distribution est la fleur de la vie en société. À quoi bon amasser des richesses si elles ne servent à personne. C'est pourquoi un peuple riche n'est pas un peuple qui a fait déborder les coffres de l'État ; c'est un peuple dont les richesses sont bien partagées. Il est préférable de distribuer l'or d'un veau que d'installer un boeuf d'or sur un piédestal.

Les exemples apportés nous ont amenés à distinguer différentes espèces de justice comme il y a différentes espèces de serpents. Nous avons d'abord divisé la justice en deux espèces : la justice générale (ou sociale, ou légale) et la justice particulière ; nous avons ensuite subdivisé la justice particulière en deux sous-espèces : la justice commutative et la justice distributive. C'est utile, il va sans dire. Ne parler que de justice c'est comme ne parler que de serpent. À partir du jour où l'on a distingué le crotale (serpent à sonnettes), très venimeux, des autres espèces de serpent, il est préférable de le désigner du nom de crotale, au lieu de le désigner du nom commun de serpent, qui convient aussi bien au boa inoffensif.

Ce qui importe, cependant, c'est que l'on soit juste envers la société à laquelle on appartient, qu'elle le soit envers les citoyens et que les citoyens le soient entre eux. La justice sous ces trois formes est véritablement l'âme de la société, c'est-à-dire la source de sa vie. Sans elle, la société se disloque et pourrit, comme se disloque et pourrit un corps sans âme.

# la force
# ou courage

Le mot *force* évoque spontanément les muscles gonflés, c'est-à-dire la force physique. C'est d'ailleurs le premier sens que l'on rencontre dans les dictionnaires, avec, comme exemple classique, la force du lion. Au Québec, faute de lions, on est fort comme un ours, comme un bœuf ou comme un cheval. Ce sont nos lions et nos éléphants. Comme tout le monde, nous connaissons bien la force des choses : force d'un câble, force d'un pilier, force du vent, force d'un courant, force d'un moteur. Nous sommes familiers avec les forces policières, avec les épreuves de force, avec l'emploi de la force.

Dans ce chapitre, nous parlons, il va sans dire, d'une force qui n'est point élaborée dans les biceps. Pour la faire surgir plus facilement de notre expérience personnelle, il faudrait peut-être lui donner un autre nom : celui de courage. Dans le langage courant, le mot *courage* a détrôné celui de *force*, qui est équivoque, à moins que l'on n'emploie un déterminatif : force *d'âme*. Courage, c'est plus court et plus commode, surtout quand il y a lieu de le prendre à deux mains.

Courage est un mot aussi quotidien que le pain. On ne va pas loin dans la vie si l'on ne tient son courage à la portée de la main. Les travailleurs aux mains calleuses ont besoin de courage pour reprendre chaque jour leurs rudes outils. Il en faut également aux travailleurs dits intellectuels : il est souvent plus facile et plus consolant de piocher dans la terre que dans les livres. Il en faut aux malades et aux handicapés pour supporter leur mauvais sort. Il en faut aux chefs politiques pour partager équitablement les richesses communes. Il en faut à tout le monde pour vivre comme il convient à un homme de le faire.

Des difficultés de toutes sortes incitent l'homme à s'arrêter sur la route que la sagesse lui avait indiquée. Hélas ! il n'y a rien de facile dans les choses humaines. Pour le constater, il suffit de regarder les gens s'agiter autour de soi. On en voit qui se tuent à séparer le Québec du Canada ; ça n'a pas l'air d'une sinécure. On en voit qui ont entrepris de casser le système ; il est résistant, le système. D'autres s'efforcent de juguler (d'égorger) l'inflation ; on dirait des fillettes autour d'un ours à étrangler. D'autres entreprennent de longues études ; beaucoup flanchent. D'autres veulent arrêter de fumer, d'autres veulent perdre du poids. Bref, rien ne semble facile dans la vie humaine ; quelques choses seulement le sont devenues, à force de courage.

Pour renverser les obstacles qui barrent la route de l'idéal poursuivi, il faut du courage, de la force d'âme, comme il faut de la force corporelle pour enlever l'arbre que la tornade a jeté en travers de la route. C'est à cause de sa ressemblance avec la force physique que cette qualité de l'âme ou du caractère, si vous préférez, a été désignée du nom de courage ou de force d'âme. Les deux jouent des rôles analogues : l'une et l'autre renversent des obstacles.

Le courage (ou force d'âme) empêche l'homme de fuir son poste d'étudiant, d'enseignant, de pompier, de policier, de femme, de politicien, etc., en présence des difficultés qui surgissent et s'accumulent. Il l'empêche surtout de fuir son poste d'homme. Ne pas fuir son poste d'homme ! Cette merveilleuse formule est de Sénèque, à la fin de son traité *De la constance du sage*. C'est le poste le plus difficile à défendre. Quels que soient le service qu'il rend, le métier qu'il exerce, la profession qu'il a embrassée, l'homme doit d'abord être homme. Homme, c'est-à-dire libre et responsable, et non robot.

Le premier rôle de la force d'âme ou du courage est donc de modérer la peur ou crainte des difficultés. Le premier effet du courage, c'est de s'opposer à la fuite. Le courageux ne fuit pas. Mais, parfois, il est indiqué de combattre l'obstacle, d'attaquer la difficulté pour la renverser. Le courage règle alors l'audace, qui met dans l'âme un peu d'ardeur belliqueuse.

Supporter comme une poutre, résister comme un barrage, tenir tête comme un Franco devant la mort, tel est, semble-t-il, l'acte principal et le plus difficile du courage. Combattre comme un soldat, attaquer comme un pamphlétaire, frapper comme un boxeur, tel est, semble-t-il, le second acte du courage, moins difficile cependant. Il est, en effet, plus difficile de tenir bon que de passer à l'attaque. Étrange mais vrai. Celui qui résiste est aux prises avec un mal présent : difficultés réelles d'une entreprise, humiliation cuisante d'un échec, douleurs lancinantes de la maladie ; incompréhension démoralisante de l'entourage, etc. ; celui qui attaque, au contraire, s'élance vers des coups aléatoires. Il est évidemment plus difficile d'arrondir le dos sous les coups qui pleuvent que de s'élancer à la rencontre de coups éventuels.

Celui qui supporte a le sentiment d'être aux prises avec un ennemi plus fort que lui. On supporte les fatigues de son métier parce qu'on est impuissant à les écarter. On supporte la maladie ou l'infirmité parce qu'on est incapable de s'en débarrasser. On supporte son patron quand on ne peut prudemment le mettre à sa place. Quand on cesse de supporter pour passer à l'attaque, on le fait parce qu'on juge raisonnables ses chances de triompher. On a le sentiment d'avoir affaire à un ennemi plus faible que soi. Or il est évidemment plus difficile de supporter un ennemi plus fort que soi que d'en attaquer un plus faible. C'est pourquoi la mesure du courage se prend mieux dans le support que dans l'attaque.

L'idée de supporter est accompagnée de l'idée de durée. On ne pourrait parler de courage chez le condamné à mort qui n'aurait pas eu le temps de se démoraliser avant son exécution. La douleur qui tue instantanément ne laisse pas au courage le temps de se manifester. Celui qui attaque peut, d'un mouvement subit, s'élancer vers le danger. Il ne manque pas de gens qui courent vers le danger, mais qui fuient quand le danger fond sur eux.

Enfin, une dernière raison pour laquelle il est plus difficile de supporter que d'attaquer. L'attaque est toujours accompagnée d'un certain enthousiasme, qui empêche de mesurer exactement le danger. On peut facilement se faire illusion sur la force des coups que portera l'ennemi. On ne s'en fait pas sur ceux que l'on reçoit : personne ne peut prendre pour des caresses les coups de pied qu'il reçoit au derrière.

Pour ces raisons, et sans doute pour d'autres que l'on pourrait aligner, la médaille d'or du courage doit être décernée aux prouesses de la résistance et non de l'attaque. C'est dans la résistance que le courage donne sa pleine mesure, comme la tempérance donnera la sienne dans les plaisirs de la chair et non dans ceux de la géométrie. L'horreur qu'inspire la torture en est la preuve. La torture, c'est la résistance à l'état pur. Ses chaînes enlèvent à la victime tout espoir de passer à l'attaque. Il restait bien la langue, mais on la coupait facilement à ceux qui devenaient le moindrement persuasifs.

Ajoutons que le danger qui se dresse devant l'attaquant est de nature telle qu'il augmente la crainte et diminue l'audace. En effet, plus la conscience du danger est vive, plus la crainte augmente. C'est évident. Il est évident aussi que plus la conscience du danger est vive, moins on se découvre d'audace pour attaquer. C'est pourquoi régler l'audace consistera d'ordinaire à la stimuler ; régler la crainte consistera d'ordinaire à la modérer.

En dénichant le courage, au début de ce chapitre, nous en avons pressenti la nécessité capitale. Sur un point aussi important pour la bonne conduite de la vie, il ne faut pas craindre de se répéter un peu. Point n'est besoin d'avoir beaucoup vécu ni d'être pessimiste pour dire que la vie humaine est une aventure périlleuse. « La vie est un combat perpétuel », disait Voltaire après et avant bien d'autres.

Tous ceux dont on dit qu'ils ont réussi, tous ceux qui ont fait de grandes choses, se sont signalés par leur patience. On parle souvent alors de génie, mais il faudrait faire ressortir la patience, qui en est une composante essentielle. De même, quand on parle de bonheur, il faudrait penser bon-heur. Heur, c'est-à-dire chance. Il y a beaucoup de chance dans le bonheur. De même, il y a beaucoup de patience dans ce que l'on appelle le génie. « Le génie n'est qu'une plus grande aptitude à la patience », disait Buffon. Paul Valéry ne le contredit point quand il écrit : « Génie ! O longue impatience ! » L'impatience est, pour ainsi dire, le revers d'un vif désir. La longue impatience de Valéry, c'est un vif désir patient.

Si donc la vie est un combat et la réussite, un fruit de la patience, le courage (ou force d'âme) en est la clef, car il habilite au combat et arme de patience. Supporter et attaquer, tels sont, nous l'avons vu, ses deux actes principaux. Les épaves abondent sur toutes les routes de l'activité humaine, parce que des hommes n'ont pas eu le courage de renverser les difficultés surmontables ou de supporter les invincibles.

## Les vices du courage

Le courage (ou la force), comme toute autre vertu morale, se situe entre un excès et un défaut à éviter. Redécouvrons ces deux vices en considérant chacun des deux actes du courage.

Résister, supporter, d'abord, acte principal du courage, comme nous avons vu. L'excès, en l'occurrence, c'est de supporter des maux que l'on pourrait écarter. Par lâcheté ou par bêtise, on omet de le faire. Qu'on se garde bien de parler de patience.

Le trop patient, en effet, peut être un lâche. Il supporte, faute de cœur pour attaquer et vaincre. La vertu de patience ne demande pas que l'on supporte tout ; elle demande que l'on supporte seulement ce qu'il faut supporter. La bêtise aussi emprunte parfois le nom de patience. Quand Marx parlait de la religion, « opium du peuple », de la religion qui endort le peuple, il fustigeait cette caricature de la religion, qui paralyse son homme par la nostalgie de l'au-delà.

La véritable religion, pourtant, demande à ceux qui la professent qu'ils surclassent *en deçà*, dans leur lutte contre le mal sous toutes ses formes, ceux-là mêmes qui ne croient pas en un *au-delà*. Le fils du Ciel, écrit Teilhard de Chardin, dans *Le milieu divin*, se raidit, autant que les plus terrestres des enfants du Monde, contre ce qui mérite d'être écarté ou détruit.

Attaquer, acte second du courage, donne également lieu à deux vices à éviter : l'un par excès, l'autre par défaut. L'excès, quand il s'agit d'attaquer, consiste à provoquer des ennemis dont on ne peut triompher. Dire de quelqu'un qu'il n'a peur de rien ni de personne, ce n'est pas forcément un éloge. Certains adultes ne craignent rien, comme les enfants qui ignorent le danger. Telle jeune fille n'a peur de rien, mais un jour elle rencontre le méchant loup ! Tel homme politique n'a peur de rien, mais un jour il tombe sous les balles ou dans les pattes d'un « défenseur des exploités ».

Ce vice, que l'on rencontre surtout chez la jeunesse, a nom *présomption*. On connaît mieux l'adjectif *présomptueux*. Depuis Corneille, on ne cesse de répéter : « Jeune présomptueux. » Être présomptueux, c'est s'engager dans des combats qui dépassent ses forces.

Son contraire, c'est la pusillanimité. Tandis que la présomption est un excès, la pusillanimité est un manque de courage. La pusillanimité détourne de ce qu'on est en mesure de faire. Dans le meilleur français qui soit, être pusillanime signifie manquer d'audace, craindre trop le risque. Dans le langage courant, qui, entre deux mots choisit le moindre, le lourd *pusillanime* est remplacé par les synonymes *peureux* ou *lâche*.

Il est intéressant de noter que, de ces deux vices (la présomption et la pusillanimité) c'est la pusillanimité qui est le plus grave. Dans son traité *De la vie heureuse*, Sénèque écrit : « Admire plutôt, même lorsqu'ils tombent, les hommes qui s'efforcent à de grandes choses ». Ce serait contraire au principe que nous avons posé au début de ce livre que de le croire sur parole. Nous devons chercher à voir qu'il en est ainsi.

Spontanément, avant d'avoir trouvé des raisons, nous le sentons bien. Nous admirons la petite chèvre de monsieur Seguin, qui s'est battue toute la nuit contre le loup, même si elle n'avait aucune chance de l'emporter. Nous parlons couramment du courage de ceux qui s'attaquent à des ennemis plus forts qu'eux ; mais nous ne parlons jamais du courage de ceux qui ont fui, même des ennemis plus forts qu'eux. « N'écoutant que son courage, il prit la fuite » ? Ça sonne faux.

Si supériorité il y a de la présomption sur la pusillanimité, c'est sans doute ici que nous le verrons. La présomption ressemble plus au courage que la pusillanimité ; la présomption est plus près du courage que la pusillanimité. Il est plus facile de transformer la présomption en courage authentique que de transformer la pusillanimité en courage. Chez celui qui ne veut pas attaquer, tout est à faire ; chez celui qui attaque trop, il n'y a qu'à régler la fougue. Le pusillanime est comparable au paresseux ; le présomptueux, à celui qui se tue à l'ouvrage. Qui ne préférerait le second au premier ?

# la tempérance

Mille exemples nous offrent leur concours au moment où nous devons réinventer la tempérance. Certains écoliers préfèrent l'écran du cinéma au tableau noir ; d'autres préfèrent les salles de billard aux salles de cours ; d'autres tirent un joint plutôt que leur stylo ; en général, ils préfèrent le jeu à l'étude. Qui ne les comprend ? Les adultes n'ont pas de leçons à leur donner. Vaincus par l'austérité de leur régime, le malade ou le ventripotent cèdent à la tentation du plat défendu ; menacé de cirrhose, le buveur continue de pomper son litre quotidien ; malgré les avertissements de la médecine, les fumeurs fument toujours comme des cratères ; au risque de compromettre leur carrière ou de ruiner leur foyer, les galants se livrent à leurs aventures. Bref, chez les humains, d'innombrables cigales dansent pendant l'été destiné au travail.

À la lumière de ces quelques exemples et d'une multitude d'autres que l'on pourrait recueillir, il est manifeste que beaucoup d'hommes ne font pas ce qu'ils devraient faire, ne font pas ce qu'ils voudraient faire, à cause d'un amour incontrôlé des plaisirs de la vie. La bonne conduite de la vie exige que cet amour du plaisir soit contrôlé. Tout le monde en convient. On a donné le nom de *tempérance* à la qualité que possèdent ceux qui, plutôt que de s'y abandonner, ont pris le contrôle de leur inclination naturelle et louable au plaisir.

L'amour du plaisir est une inclination naturelle, personne ne le conteste. Par conséquent, la morale, qui cherche à régler les inclinations naturelles, ainsi que nous l'avons dit et répété, n'a pas à extirper l'inclination naturelle au plaisir : elle doit simplement la régler, la contrôler. Car le plaisir est nécessaire dans la vie. Il n'a pas été attaché à nos actes comme une souillure à laver ; il a été attaché à nos actes, surtout aux actes les plus importants de la vie, comme une récompense et un stimulant.

La nature a attaché du plaisir aux actes essentiels de manger et de boire. Elle a mis dans l'estomac une douleur qui rappelle que ce devoir doit être rempli. Sans ce plaisir et cette douleur, les hommes négligeraient sûrement ces actes qui constituent une sorte d'esclavage. Faire la popote trois fois par jour, mille fois par année (je soustrais quatre-vingt-quinze repas pris au restaurant, ou chez des amis, ou tout simplement sautés le dimanche et les jours de grasse matinée), c'est une des servitudes les plus lourdes de la vie humaine.

Le plaisir qui l'adoucit, le bon sens demande qu'on le prenne en toute simplicité et reconnaissance. Il ne demande pas que l'on sucre sa soupe, ni que l'on sale son café (sa bière, d'accord). Il lui répugne, cependant, que l'on se chatouille l'aluette avec une plume après s'être empiffré (comme faisaient certains Anciens) pour se procurer le plaisir de se remettre à table. Certains d'entre eux, dit-on, constatant que le plaisir de boire et de manger se produisait quelque part dans la région du cou, se souhaitaient un cou de girafe pour un plaisir accru.

La nature a attaché au sexe un plaisir encore plus vif. Judicieuse précaution. Pour sauver leur vie, les hommes se résignent souvent à manger les choses les plus répugnantes. Qu'on pense aux prisonniers des camps de concentration, qu'on pense aux gens perdus dans la forêt et à bien d'autres, qui ont dévoré leurs chiens, qui ont mangé des rats ou des mets dégoûtants. Mais qui donc se soucierait de propager l'espèce humaine si un plaisir véhément ne l'y poussait ? Ce plaisir est tellement puissant que les hommes se sont ingéniés à découvrir des moyens de le séparer de ses conséquences naturelles ou des conditions de sa légitimité.

Comme je l'ai dit, on a donné le nom de *tempérance* à la vertu qui règle l'inclination de l'homme au plaisir. C'est un nom bien choisi. Il a été formé du verbe latin *temperare*, auquel les gens de langue latine attachaient de multiples compléments. Par exemple, quand le Romain du peuple disait : *Tempero vinum*, cela signifiait : je coupe mon vin d'eau, je mets de l'eau dans mon vin. On « tempérait » beaucoup d'autres choses. On « tempérait » sa colère, c'est-à-dire qu'on la contenait. On « tempérait » sa langue, c'est-à-dire qu'on la retenait.

Chose que tout le monde désire fortement, le plaisir engendre une inclination qu'il faut plus souvent modérer que stimuler. C'est pourquoi il convenait d'appeler tempérance (de *temperare*, modérer) la vertu qui règle l'inclination naturelle et bonne au plaisir. Le soin de régler cette inclination consiste la plupart du temps à la modérer. Ce cheval fougueux a besoin d'un mors et non d'un fouet.

C'est pourquoi, théoriquement, on peut encore parler de deux vices opposés à la tempérance, l'un par excès, à savoir l'intempérance, l'autre par défaut, à savoir l'insensibilité, mais, en pratique, on s'arrête peu à l'insensibilité. La haine du plaisir n'est pas un vice tellement répandu ! On rencontre, cependant, des opinions semblables à celle de Jules Renard, qui a écrit : « Les plaisirs ne me font pas plaisir. » À ceux qui partagent cette opinion, il suffit que leur aversion pour le plaisir ne les détourne pas de leur devoir.

## La tempérance, cadette des vertus

Dans notre étude des quatre grandes vertus sur lesquelles tourne, comme une porte sur ses gonds, la vie humaine bien réglée, la tempérance fermait la marche : prudence, justice, force et tempérance. Elle est la cadette de cette famille mono-parentale, comme on dit : une mère, la prudence, et ses trois filles : la justice, la force et la tempérance.

La prudence est la mère des trois autres, au sens biologi-que du terme : elle les engendre, les met au monde. Sans pru-dence, il n'y a ni justice, ni force, ni tempérance. En effet, il ne suffit pas de vouloir faire le bien ; il faut le bien faire. Une ré-primande est nécessaire ; mal adressée, elle aggrave la situation au lieu de l'améliorer. Et c'est la prudence qui enseigne l'art de réprimander. Tout est dans la manière, dit-on. La manière, c'est la prudence qui la connaît et l'applique : manière d'être juste, manière d'être courageux, manière d'être tempérant. Sans elle, les meilleures intentions n'enregistrent que des échecs.

La prudence étant consacrée dans son rôle de mère, pen-chons-nous sur ses trois dignes filles : la justice, la force et la tempérance. La justice l'emporte sur la force, la justice et la force l'emportent sur la tempérance. La justice est une vertu que je dirais généreuse : elle s'étend au moins à un autre ci-toyen, s'il s'agit de la justice particulière ; elle s'étend à tout le peuple, s'il s'agit de la justice générale, sociale ou légale. La force, au contraire, peut ne concerner que celui qui la prati-que ; la tempérance ne concerne immédiatement que celui qui la pratique. Le bien de plusieurs l'emportant sur le bien d'un seul, la justice vient en premier.

Vous m'objecterez sans doute que le courage aussi peut étendre au prochain ses bienfaisants effets : on sauve une vie en risquant la sienne, on combat pour la patrie, etc. Je reçois l'objection. Et je réponds que le courage ne serait d'aucune utilité si l'homme était insensible à la peur. Si l'homme était insensible à la peur, la prudence, la justice et la tempérance lui suffiraient. Le courage est une sorte de garde du corps. Le courage protège la justice des coups de la peur comme les gardes du corps protègent le chef contre les attaques de ses ennemis.

Le courage l'emporte sur la tempérance comme un garde du corps peut l'emporter sur un autre garde du corps. Le courage protège l'homme contre la peur ; la tempérance le protège contre le plaisir. Or l'homme fuit plus la douleur qu'il ne recherche le plaisir. Il importe donc davantage qu'il soit protégé contre la peur que contre le plaisir. Et c'est ainsi que la force ou le courage l'emporte sur la tempérance.

De ces quatre vertus, cependant, c'est le courage qui attire aux hommes les plus grands honneurs. Chaque année, des gens sont décorés pour leur bravoure. Mais jamais, à ma connaissance, on n'a épinglé une médaille sur la poitrine d'un prudent, d'un juste ou d'un tempérant. Le Québec a connu la croix de tempérance, que l'on suspendait au mur de la cuisine ; ni le Québec ni aucun pays n'ont inventé la médaille de tempérance que l'on aurait attachée aux poitrines.

Mais pourquoi ces hommages rendus au courage et non à la justice, par exemple ? Un peu désemparé, le héros d'un acte de bravoure dit d'ordinaire : « Je n'ai fait que mon devoir. » Tout le monde sait bien, cependant, qu'il n'était pas obligé de risquer sa vie dans le feu, l'eau ou la tempête pour en sauver une autre. Le courage est marqué au coin de la gratuité, de la générosité. Par contre, la justice, en rendant à chacun ce qui lui est dû, ne fait vraiment que son devoir. La médaille détonnerait, à moins que la justice n'ait eu recours au courage.

Tout le monde est d'accord pour dire que nos vertus les plus grandes sont celles qui sont le plus utiles aux autres. Cette utilité n'est jamais aussi éclatante que dans le courage. On honore la mémoire de ceux qui ont donné leur vie pour la patrie. Qui penserait à élever une statue à un patron qui a payé de justes salaires ? Lui, il n'a vraiment fait que son devoir.

Il n'est pas étonnant que l'homme, si sensible aux honneurs, les cherche dans le courage plutôt que dans la justice, si décevante de ce point de vue. À quoi bon chercher à s'illustrer dans la justice ? tout le monde se croira toujours exploité. C'est pourquoi l'homme donne plus facilement sa vie que son argent, risque en tout cas plus facilement sa vie que ses capitaux.

Quant à la tempérance, tout le monde répète après Voltaire : « Que m'importe que tu sois tempérant ? » C'est pour toi et non pour moi que tu règles l'allure de ta fourchette : tu redoutes la crise cardiaque. C'est pour toi et non pour moi que tu lèves moins haut le coude : tu crains la cirrhose. Le peuple se soucie peu de la sobriété et de la chasteté de ses chefs. Mais il les veut justes et courageux.

# 13

# la loi

Notre réflexion sur la morale ou la bonne conduite de la vie humaine tire à sa fin et nous n'avons pas encore aperçu, dans la foule des notions qui se sont présentées à nous, le visage austère de la loi. Austère depuis longtemps, semble-t-il. En effet, il y a une couple de millénaires, les Romains disaient : *Dura lex, sed lex* (la loi est dure, mais c'est la loi). Au Québec, tout le monde connaît la formule raccourcie de Séraphin : « La loi, c'est la loi ». Sous-entendu : ça ne se discute pas, ça s'observe.

Après tant et de si louables efforts pour donner à la morale un visage sympathique, allons-nous maintenant devoir y inscrire la grimace de la loi ? Est-ce que l'arbitraire, que nous avons jeté à la porte, va maintenant se réintroduire dans la maison par la fenêtre de la loi ? Si nous y étions contraints, nous ressemblerions au valeureux capitaine qui, après avoir vaincu l'océan tumultueux, vient faire bêtement naufrage à l'entrée du port.

Le problème peut se formuler en ces termes : d'une part, nous savons que la morale est la science de la bonne conduite ; d'autre part, nous constatons que celui qui enfreint la loi est blâmé sinon puni, que celui qui la respecte est félicité sinon récompensé. La conclusion est tentante : faire le bien, c'est observer la loi ; faire le mal, c'est enfreindre la loi. Et l'homme pense qu'il doit avancer dans la vie en suivant du doigt dans le code.

L'adulte qui raisonne ainsi (et ils sont nombreux à raisonner ainsi) n'a pas réussi à se dégager de son enfance. Cette manière de concevoir et de vivre la morale est une hypothèque que l'adulte a contractée dans son enfance et qu'il n'est point parvenu à liquider. En morale, innombrables sont ceux qui vivent toujours à crédit. Débiteurs de leur enfance jusque sous les cheveux blancs.

Pour un tout jeune enfant (4 ou 5 ans), se mal conduire, c'est faire à sa tête ; se bien conduire, c'est faire à la tête des autres (des adultes en général, mais principalement des parents). Ce sont les adultes ou les parents qui détiennent les secrets de la bonne conduite et qui dictent les règles à suivre ; ce sont eux qui dressent la liste des choses permises et l'autre liste des choses défendues. En d'autres termes, le bien, pour les tout jeunes, c'est l'obéissance (aux règles, aux adultes ou aux parents) ; le mal, c'est la désobéissance.

Pour les jeunes enfants, la morale vient effectivement de l'extérieur. Il y a toujours, pour eux, une règle qui s'impose du dehors. Cela revient à dire qu'en matière de bonne conduite, ils ne sont pas autonomes. Le mot grec qui a donné notre *autonome* français signifie : qui se gouverne par ses propres lois. L'enfant n'est pas autonome puisqu'il se gouverne d'après les lois des autres. Relisez la phrase d'Alain placée en épigraphe.

Est-ce à dire que l'autonomie fera de nous de redoutables hors-la-loi ? (Le hors-la-loi est un homme qui s'est affranchi des lois.) Eh bien, non. Entre l'enfant et le hors-la-loi, il y a de la place pour l'homme normalement développé du point de vue moral. Cet homme-là ressent en lui-même le besoin d'observer la loi quand il l'observe. Sans la loi, il accomplirait quand même ce que commande la loi. L'homme autonome juge parfois nécessaire de ne point se soumettre à la loi ou de l'interpréter, c'est-à-dire de l'ajuster à une situation qu'elle n'avait point prévue.

Pour nous faire de la loi une juste idée, nous allons assister à sa naissance sous sa forme la plus humble : le code de la route. Il est banal mais fort important quand même de rappeler que le code de la route n'a pas précédé les automobiles. C'est le contraire qui s'est produit : avant le code et toutes ses prescriptions, il y eut la circulation automobile. Des automobiles d'abord rares et lentes, puis nombreuses et puissantes. C'est dire, en d'autres termes, que les automobiles n'ont pas été faites pour le code de la route, mais le code de la route pour les automobiles.

Si on avait placé, en 1910, des panneaux fixant la vitesse maximale à 100 km à l'heure, les conducteurs auraient pensé qu'on se payait leur tête. Aucune voiture, alors, n'atteignait cette vitesse. Si on avait installé des feux de circulation aux intersections, ils auraient roupseté avec raison. Il ne venait pas cinq voitures par jour en direction transversale.

Cela suffit pour faire voir que le fait numéro un, c'est la circulation automobile. Le code de la route est un fait secondaire, c'est-à-dire qui découle du premier et en dépend. Le code évolue, se transforme, se complète suivant la connaissance de la circulation et suivant les changements qui s'y produisent. Aucun homme qui connaît la nature d'un code de circulation n'oserait dire : maintenant, le code est parfait ; dorénavant, on n'aura plus qu'à l'observer à la lettre.

« La lettre tue », disait saint Paul. Quand il s'agit de circulation automobile, elle tue au sens corporel du terme. Rendu au pied de la côte de Saint-Joachim, vous vous apprêtez à observer le « maximum 30 » du panneau de circulation quand vous constatez que les freins d'un camion chargé de « pitounes » de

Natashquan ont cédé. Le bolide fonce sur vous à 100 milles à l'heure ; l'accotement est mou ; des voitures viennent en sens inverse. Que faire ? Ignorer le « maximum 30 » et faire disparaître dans le plancher « l'organe qui commande l'admission du mélange gazeux au moteur ».

En fait, le code de la route n'est point parfait. Il n'y a aucun code qui prévoit toutes les situations possibles. Dans ces situations imprévues par le code, le seul recours, c'est le gros bon sens du conducteur. D'ailleurs, à supposer même que l'on puisse prévoir toutes les situations possibles, le code ne devrait pas les régler toutes. Il deviendrait alors tellement volumineux qu'il serait de peu d'utilité. Bref, la loi (le code de la route, en l'occurrence) ne dispense jamais un homme de prendre ses responsabilités. Et ces principes valent pour n'importe quel code.

Quittons maintenant les routes asphaltées des automobiles pour nous engager dans les sentiers tortueux et montants de la vie humaine. Il n'existe pas de peuples qui vivent sans un minimum de lois concernant le mariage, le travail, la propriété, le vol, la diffamation, etc. Cependant, les lois comportent des différences considérables d'un pays à un autre. Il arrive même que l'on permette dans un pays ce que l'on condamne et punit dans un autre. Il arrive aussi bien que l'on permette ce que l'on condamnait ou vice versa, et ce dans un même pays. Et la morale semble en prendre pour son rhume.

Ce nouveau problème doit être examiné à la lumière des principes énoncés dans les pages précédentes. En matière de conduite humaine est bon ce qui est conforme à la raison, et la raison à son tour doit se conformer à la nature et à ses inclinations. Il s'ensuit qu'une bonne loi, qu'une loi authentique et juste doit être conforme à la nature humaine.

Et il arrive que, sur un sujet déterminé (l'avortement ou l'euthanasie, par exemple), on légifère en un sens dans un pays et dans un autre sens dans un autre pays. Pourquoi ? parce qu'il est souvent difficile de savoir avec certitude ce qui est conforme à la nature humaine et ce qui ne l'est pas, ou moins. Tout le monde se rappelle l'affaire Quinlan. Dans le coma depuis longtemps, Karen Quinlan est maintenue en vie par un respirateur. Si on le débranche, elle meurt. La discussion s'engage. Pour les uns, débrancher le respirateur, c'est commettre un meurtre ; pour les autres, c'est laisser la nature suivre son cours. Voilà un exemple des mille problèmes que la vie jette sur la table des moralistes.

Si difficile qu'il soit de savoir ce qui est conforme à la nature humaine et ce qui ne l'est point, il faut soutenir fermement avec saint Augustin : « Une loi qui n'est pas juste (c'est-à-dire qui n'est pas conforme à la nature) n'est pas une loi mais une violence » (*Du libre arbitre*, I, ch. 5).

Ce principe sacré est redoutable de conséquence. Si la loi injuste n'est pas une loi, aucun citoyen n'est tenu d'obéir à une loi injuste. Et se pose ici le problème de la résistance à la loi. Problème fort complexe. Il y a toute la différence du monde entre la loi hitlérienne qui prescrivait d'exterminer les Juifs et la loi qui permet l'avortement sur demande. Dans certains cas, il suffit de ne point se prévaloir des facilités qu'autorise la loi ; dans d'autres cas, il faut carrément résister, désobéir. Dans certains cas, affirme saint Thomas d'Aquin, la désobéissance est un devoir. Terrible devoir, quand on connaît les moeurs des pouvoirs.

Une loi injuste n'est pas une loi, conséquemment, on n'est pas tenu de l'observer. Mais il ne faut pas conclure qu'on est obligé de résister à toute loi injuste. On est toujours en morale. Or, en morale, les principes généraux ne s'appliquent jamais sans examen ni discussion aux cas particuliers. Le citoyen aux prises avec une loi injuste est tenu de peser et de soupeser les conséquences de la résistance.

## Le licite et le moral

Comme les lois s'adressent à tout le peuple, force leur est de s'en tenir aux prescriptions et aux défenses que l'immense majorité des citoyens peut observer. Du côté du mal, elles ne défendent que les fautes les plus graves ; du côté du bien, elles ne prescrivent que l'essentiel. Et s'impose ainsi à nous la distinction capitale entre le licite (ce qui est conforme à la loi) et le moral (ce qui est conforme à la nature humaine).

Le fauteuil du chef d'État n'est point une chaire de morale. Un acte n'est point immoral parce que la loi le défend ; par contre, il n'est point conforme à la morale parce que la loi le permet ou n'en parle pas. Les lois que le gouvernement élabore et promulgue ne visent pas à distinguer nettement et définitivement le moral de l'immoral.

Le chef d'État, c'est Jacob, qui dit à Ésaü : « Mon maître sait que les enfants sont délicats ; j'ai à ménager les brebis et les vaches qui allaitent. Que mon maître parte donc, qu'il aille en avant ; moi, j'avancerai doucement au pas du troupeau et au pas des enfants » (Genèse, XXXIII, 13-14).

La morale, c'est Ésaü, qui entend bien marcher à son pas. Le chef d'État marche au pas de la vache qui allaite, mais il n'empêche pas le taureau de bondir en avant. La loi humaine doit connaître la longueur du pas du plus petit, tandis que l'exigence morale est à la mesure du pas de chacun.

C'est pourquoi les lois, que le chef d'État élabore à l'intention de l'ensemble des citoyens, s'en tiennent au minimum en deçà duquel la société se disloque. Et comme ce sont les fautes contre la justice qui mettent la société en péril, le chef d'État légifère avec soin sur tous les problèmes qui relèvent de la justice. Il existe peu de lois sur la virginité, la tempérance, la patience, le courage, etc.

Il est de la plus haute importance que l'on distingue nettement ces deux domaines : celui du légal et celui du moral.

Quand on ne les distingue point, on croit, par exemple, que l'avortement est moral (c'est-à-dire conforme à la raison et à la nature) quand la loi le permet. Eh bien, non : aucun problème moral n'est tranché par une loi.

## La loi n'est pas la loi !

Les considérations qui précèdent nous permettent de tirer une première conclusion d'importance : la loi n'est pas la loi ! Sous son petit air désinvolte de calembour, cette affirmation contient l'une des plus lourdes vérités de la morale. Il y a quelque chose d'antérieur à la loi, sur lequel la loi doit se modeler. Bref, la loi a elle aussi sa loi. La loi de la loi, ce sont les exigences d'épanouissement complet de l'homme en quête de perfection et de bonheur. L'homme authentique doit se développer suivant toutes ses dimensions : dimension corporelle, dimension morale, dimension intellectuelle, dimension religieuse, dimension sociale, etc., s'il en reste.

Pour être juste, la loi doit demeurer à l'écoute de la nature, se plier aux exigences de la nature, changer quand change non point la nature mais la connaissance qu'on en a. La loi n'est donc point le dernier mot en matière de conduite humaine. Conséquemment, la morale ne se termine pas à la loi. Un acte n'est jamais bon pour la seule raison qu'il est conforme à la loi, ni mauvais pour la seule raison qu'il lui est opposé.

La loi doit être jugée et interprétée par la conscience de chacun. L'autonomie morale est atteinte quand l'agent moral domine en quelque sorte la loi. Celui qui a conquis son autonomie morale ne suit jamais la loi aveuglément. Quand il l'observe (j'imagine que c'est dans la majorité des cas), il le fait parce qu'il éprouve en lui-même le besoin de l'observer ; il se sent d'accord intérieurement avec ce que prescrit la loi. Parfois, il l'interprète, quand son observance littérale ne répond pas à la situation dans laquelle il est engagé. Souvent, il y supplée, quand elle n'a pas statué sur le problème avec lequel il est aux prises.

L'obéissance n'est pas, pour l'agent moral autonome, la vertu principale. Le bien ne se définit plus, comme c'était le cas dans sa tendre enfance, par l'obéissance, ni le mal par la désobéissance. Le bien, c'est ce qui convient à la situation dans laquelle il est engagé, peu importe ce que dit la loi ou ce qu'elle ne dit pas. Le mal, c'est de ne pas donner à la situation qui se présente la réponse qu'elle exige.

On me fera sans doute remarquer que ces principes sont agaçants pour ceux qui commandent. J'en conviens. Ceux qui veulent réduire le problème de la bonne conduite à un supérieur qui commande et à un inférieur qui obéit n'ont pas d'autre choix que de se consacrer au dressage des chiens. Le bonheur du chien réside tout entier dans l'obéissance. L'idéal du chien, c'est de se trouver un maître à qui obéir ; un maître sans la moindre complaisance.

Malheureusement pour les chefs autoritaires, l'inférieur humain n'est pas un chien. Libre et responsable, l'inférieur humain est son propre maître. Les chefs doivent donc accepter humblement sinon que leurs ordres soient jugés, du moins que le soient les actes que ces ordres demandent de poser. Il ne s'agit point là d'un distinguo subtil qui embrouille la question ; il s'agit d'une grosse distinction à tirer de l'oubli. L'ordre peut être moralement bon si l'on se place dans la peau de celui qui le donne ; l'acte que cet ordre demande de poser peut être mauvais si l'on se place dans la peau de celui qui doit l'exécuter.

# 14

# réinventons le péché

Le péché occupait naguère beaucoup de place dans la vie québécoise. Il serait inexact de dire qu'il n'en occupe plus du tout, mais il faut bien avouer, cependant, qu'il en occupe bien peu. Rares sont ceux qui s'en plaignent. On semble tellement tranquille sans ce trouble-fête, qu'il est malvenu de vouloir le réinventer. Va-t-il falloir se réhabituer à vivre avec le péché ? pensez-vous. Je vous donne raison de n'accepter qu'à la condition qu'il soit plus humain, si je puis dire, que celui que nous avons connu.

Il est consolant d'apprendre qu'on péchait hors du Québec et depuis des millénaires. Des auteurs latins (Cicéron, Virgile, Tacite, Horace et bien d'autres), étrangers au christianisme, employaient constamment les mots latins *peccatum* et *peccare*, ancêtres de notre bon vieux « péché ». À leur époque, on vivait littéralement plongé dans le péché ! Les hommes péchaient, les animaux péchaient, les choses aussi péchaient. C'était un péché pour le cheval de trébucher ; les poèmes péchaient, et péchait le style en général ; les hommes, évidemment, péchaient beaucoup.

C'était l'époque où les plantes et les animaux avaient une âme comme les humains en ont une. L'âme, à ce moment-là, désignait le principe de la vie des vivants, quels qu'ils soient. En contexte chrétien, le mot âme a fini par se rétrécir pour ne désigner plus que l'âme humaine, « qu'il faut sauver de l'éternelle flamme », comme disait le cantique. De nos jours, on étonnerait l'immense majorité des gens si on leur disait que leur chat ou leurs tulipes ont une âme.

La même chose s'est produite pour le mot péché. On parle encore de péchés contre la bienséance, contre les règles d'un art, mais le mot péché est avant tout un mot du vocabulaire religieux. Dans les autres domaines, on parle surtout de faute. Dans les épreuves sportives, les juges comptent les fautes des athlètes. Dans l'enseignement, le professeur souligne les fautes quand il corrige les copies ; il les compte quand c'est une dictée. La dactylo fait des fautes de frappe. Dans tous ces cas, et dans bien d'autres que l'on pourrait évoquer, l'usage n'admet pas que l'on parle de péché.

Le mot péché, répétons-le, appartient au vocabulaire religieux. Et la religion présuppose l'existence de Dieu. Sans Dieu (ou sans dieux), il n'y a pas de religion. Le péché est donc une faute, mais une faute spéciale, à savoir celle que l'homme commet dans ses rapports avec Dieu. Le péché est une faute comme le ouistiti est un singe. Pour définir le péché, il faut ajouter quelque chose à la notion de faute ; de même, pour définir le ouistiti, il faut ajouter quelque chose à la notion de singe : au moins les touffes de poil à la pointe de chaque oreille !

Il suit de là que les athées ne commettent pas de péchés. Ils ne commettent que des fautes contre les exigences de la morale. Commet un péché celui qui a le sentiment de ne pas avoir été correct dans ses rapports avec Dieu ou avec le prochain. L'amour chrétien ne peut dissocier ces deux objets : « Si quelqu'un dit : 'J'aime Dieu' et qu'il haïsse son frère, il est un menteur. Car celui qui n'aime pas son frère qu'il voit est incapable d'aimer Dieu qu'il ne voit pas » (Saint Jean, 1re épître, IV, 20).

Il suit également de là que le péché n'est pas sur papier mais dans la vie. Sur papier, on trouve, par exemple, que l'adultère est un *péché* grave ou mortel. C'est une façon équivoque de parler. Sur papier, il faudrait se borner à dire que l'adultère est une *faute* grave contre les exigences de l'amour et de la justice envers le conjoint. Que celui qui commet cette faute fasse un péché, cela dépend de son attitude personnelle.

On sait que les choses présentées comme bonnes sur papier peuvent être jugées mauvaises par celui qui les commet ; par contre, que les choses mauvaises peuvent être considérées comme bonnes. Et c'est à ce niveau, celui de la vie concrète, que se situe le péché. De plus, certaines vies humaines ne comportent aucune dimension religieuse, c'est-à-dire aucune relation à Dieu. Dans ces vies tronquées, il n'y a pas de péchés à proprement parler.

## Péché et culpabilité

Ce que la psychanalyse dit du « sentiment de culpabilité » nous permet de mieux comprendre la nature de la culpabilité non maladive. Le « sentiment de culpabilité » est un trouble maladif ressenti à la suite d'un acte déjà commis. Il est dominé par la peur du châtiment.

Tant qu'il n'est pas en mesure de dialoguer avec l'autre, avec ses parents, d'abord et surtout, l'enfant est exposé au « sentiment de culpabilité ». Le « sentiment de culpabilité » se changera en culpabilité saine et authentique quand l'enfant devenu adulte traitera en quelque sorte d'égal à égal avec l'autre (parents ou prochain).

À ce stade, l'autre n'est plus perçu avant tout comme une menace mais comme un interlocuteur, un semblable. Se sentir coupable, alors, c'est être conscient d'avoir manqué à l'autre dans une situation donnée, de l'avoir déçu ou frustré. On n'est plus accablé par la peur, mais on cherche sereinement à réparer le tort commis à l'autre. L'amour de l'autre a fait place à la peur de l'autre.

La culpabilité ainsi entendue est consécutive au péché quand Dieu fait partie de la distribution ; elle est consécutive à la faute quand le prochain seul en fait partie. L'une et l'autre appellent la sanction. Il est communément admis que la faute mérite une sanction au sens de peine ; que l'acte vertueux mérite une récompense. Ceci nous amène à parler de la sanction.

# 15

# la sanction

Le mot *sanction* revêt plusieurs significations. On l'emploie à propos des lois. Au Québec, une loi doit recevoir la sanction du lieutenant-gouverneur pour devenir obligatoire. La sanction, en l'occurrence, c'est tout simplement l'approbation. Dans le même sens, on parle d'un mot sanctionné, approuvé, par l'usage. Dans la conduite de la vie, le mot *sanction* signifie une peine ou une récompense attachée à la violation ou à l'observance d'une règle. Mais comme il y a toujours une peine pour la violation et rarement une récompense pour l'observance, le mot *sanction* évoque spontanément l'idée de peine, de punition.

Il est fort instructif d'aborder ce problème de la sanction par l'examen du comportement enfantin face aux punitions. Pour les plus jeunes (6 ou 7 ans), la faute exige une punition. Cette punition peut être sans aucun rapport avec la faute commise. On peut imposer la même punition à celui qui a menti qu'à celui qui a désobéi ou qui s'est battu. La punition est une occasion d'expier sa faute. Expier, c'est un grand mot ; on dit communément *payer pour*. Tu vas me *payer* ça ; c'est bien connu.

Ces sanctions-là sont arbitraires. Celui qui punit a le choix dans toute la gamme des punitions : priver de dessert, retirer un jouet, envoyer au lit, etc. Et les tout jeunes se montrent d'une étonnante sévérité quand on leur fournit l'occasion de choisir la punition qui convient. Il faut que la faute soit bien effacée par la douleur.

Mais à l'idée d'effacer la faute se joint celle d'en prévenir la répétition. Plus la peine est sévère, pensent les tout jeunes, moins le fautif sera porté à la commettre à nouveau.

Les enfants plus âgés de quelques années (9, 10 ou 11 ans) réagissent différemment face aux punitions. Pour eux, d'abord, la punition ne doit pas être arbitraire. En d'autres mots, il doit y avoir un rapport entre la faute et la punition. Priver de dessert celui qui s'est chamaillé avec ses compagnons de jeu leur semble illogique ; ils préféreraient qu'on le prive de jouer une fois avec eux. Priver de gâteau celui qui a refusé d'aller en chercher à la pâtisserie leur semblerait logique ; l'envoyer dans sa chambre, non : ça n'a aucun rapport avec la faute.

Quant à la sévérité de la punition, elle est perçue différemment par les enfants plus âgés. Ces derniers ne pensent pas que la punition la plus sévère soit la meilleure. Ce qui importe avant tout pour eux, c'est que la punition soit en rapport avec la faute. Sur cette voie, ils iront facilement jusqu'à la bêtise. Ils trouveront normal que l'on brise la bicyclette de celui qui a brisé celle du voisin. Les moins vindicatifs préféreront que l'on prive le fautif de sa bicyclette tant que celle du voisin ne sera pas réparée.

Certains enfants, parmi les plus âgés, croient même que la punition la plus sévère n'est pas nécessairement celle qui empêche les fautifs de recommencer. Celui qui a volé cinq dollars et qu'on a puni, à ses yeux, comme s'il en avait volé dix est porté à voler les cinq autres dollars pour lesquels il a déjà été puni... La punition injuste parce que trop sévère pousse à commettre une autre faute qui rétablira l'égalité.

Il est intéressant de comparer le comportement des adultes à celui des enfants. Il apparaît tout d'abord que la plupart des peines que les chefs d'Etat imposent à ceux qui ont enfreint une loi sont d'ordinaire *arbitraires,* c'est-à-dire qu'elles sont sans rapport avec la faute commise. On envoie à la même prison les voleurs, les assassins, les ivrognes, les vicieux, etc. Ou bien on impose une amende (plus ou moins forte) mais toujours une peine pécuniaire aux braconniers, aux chauffards, aux fraudeurs, etc.

Quand la société retire à un chauffard son permis de conduire, l'enfant de dix ans est d'accord. Mais il trouverait normal que l'on interdise au braconnier de chasser pendant un an au lieu de lui imposer une amende de cinq cents dollars. En bref, l'enfant de dix ans ne serait pas souvent d'accord avec les punitions que la société impose aux coupables.

Du point de vue de la sévérité de la punition, beaucoup d'adultes raisonnent comme les enfants de sept ans. À leurs yeux, la punition la plus sévère est la meilleure si l'on veut prévenir la récidive. Ce n'est pas vrai. Nous en avons déjà donné une raison. Nous devons ajouter que les alcooliques et les vicieux, par exemple, sont avant tout des malades. Pour qu'ils ne retombent pas dans leurs vieux péchés, il importe avant tout de les guérir. On s'y emploie de plus en plus et de mieux en mieux de nos jours.

Il va sans dire, cependant, que l'immense majorité des règles à suivre pour se bien conduire n'ont pas fait l'objet de lois de la part de l'Assemblée nationale. Ces règles sont-elles accompagnées de sanctions ? Eh bien, oui. La nature a, elle aussi, ses sanctions. La santé est la récompense de ceux qui mangent, boivent et dorment comme il convient à leur état. Des malaises passagers ou même la maladie sont la punition de ceux qui enfreignent les normes du bon sens ou de la science en ces domaines : gueule de bois, indigestion, hépatite, etc.

Les infractions aux règles à suivre dans l'activité sexuelle sont punies par toute une gamme de maladies dites vénériennes, en souvenir de la déesse de l'amour, Vénus. Au rythme où elles se propagent, on peut douter de leur efficacité à contenir dans les normes du bon sens l'ardeur sexuelle humaine.

L'une des sanctions les plus efficaces que la nature réserve aux coupables, c'est sans contredit le déshonneur. Bonne renommée vaut mieux que ceinture dorée, dit un proverbe. Bonne réputation plutôt que richesse. L'homme normal tient à son honneur plus qu'à tout. Il a sans cesse à la bouche l'expression bien connue : se faire un point d'honneur. Il se fait un point d'honneur de dire la vérité, d'être courageux, d'être honnête, d'être tempérant, etc. D'un homme insensible à l'honneur, on peut s'attendre à toutes les bassesses.

À ces sanctions particulières (maladie, déshonneur, remords, etc.) s'ajoute une sanction que j'appellerais globale. C'est le bonheur, pour ceux qui observent les règles de la bonne conduite ; le malheur, pour ceux qui les enfreignent. Mais il faudrait énumérer ici tous les éléments qui constituent la vie heureuse (santé, honneur, aisance, courage, etc.) pour en venir à la conclusion que le bonheur parfait n'est point d'ici-bas.

Il faut bien se rendre aussi à l'évidence que les contempteurs des règles de la bonne conduite ne semblent pas tous malheureux, ne sont pas tous malheureux. La prospérité des méchants, comme on disait naguère, (leur santé, leur richesse, leur puissance, etc.) a toujours constitué un scandale inexplicable aux yeux des honnêtes gens.

Ce scandaleux état de choses leur a suggéré l'idée d'un au-delà de la vie terrestre, où justice serait faite. Pour la pensée catholique, il ne s'agit plus d'une hypothèse mais d'un dogme. La mort n'est point un terme mais un changement. La vie ne s'arrête pas à la mort, mais elle se continue pour le meilleur ou pour le pire. C'est là que sera décernée la récompense ou la punition proportionnée.

# 16

# les problèmes
# particuliers

Une fois terminée l'étude des notions fondamentales de la morale, on est comparable à l'écolier qui sait ses tables, ses combinaisons ou ses jeux. On ne détient pas la solution des problèmes particuliers que la vie pose à la morale, mais on sait comment les aborder. Qu'il faille suivre ses inclinations naturelles, ce n'est pas une solution, mais un *principe* de solution, c'est-à-dire le point de départ d'une solution.

J'ai beau savoir que le mariage un et indissoluble est bon, il reste que ce n'est pas LE mariage que je contracte, mais tel mariage, ce mariage. Petit ce gonflé comme la grenouille de La Fontaine, gonflé de circonstances multiples : mon âge, l'âge du conjoint, la situation financière, l'état de santé, la nationalité, etc. Le mariage peut être bon en soi, mais tel mariage ne pas me convenir.

Nous avons vu que la raison humaine juge bon ce qui est conforme à la nature, ce qui convient à l'homme. Mais la vie n'est pas un supermarché. Les activités qui sollicitent l'homme n'y sont pas étiquetées comme les pots de confiture. Tout serait tellement simplifié si l'on pouvait étiqueter une fois pour toutes : conforme à la nature, peu conforme à la nature, un peu opposé à la nature, tout à fait contraire à la nature.

Il faut rejeter cette utopie. En effet, ce qui convient à l'un ne convient pas à l'autre ; ce qui convient dans telles circonstances ne convient plus dans d'autres circonstances. De plus, responsable de ses actes, l'homme doit faire le bien comme il le perçoit. Or certains jugent bon ce qui est mauvais, d'autres jugent mauvais ce qui est bon. Les uns et les autres doivent obéir à leur conscience. On l'a dit et répété.

À la lumière des principes généraux de la morale, l'homme doit débroussailler les problèmes, complexes toujours, que la vie lui pose. La liste de ces problèmes ressemble à la liste électorale : des problèmes meurent, des problèmes naissent et les problèmes changent. On comprend que Platon n'ait pas soulevé le problème de la moralité de la pilule ou de la bombe atomique. Par contre, la vie de son temps lui jetait le problème de l'esclavage.

Il suffit de lire les journaux pendant une semaine pour dresser une liste écrasante des problèmes que la vie pose actuellement à la morale. Tout ce que les hommes font peut devenir l'objet d'une recherche particulière : théâtre, cinéma, télévision, sports, grèves, profit, salaires, multinationales, violence, drogue, tabac, alcool, vitesse, pollution, urbanisation, travail à la chaîne, etc. Arrêtons-nous un instant à quelques-uns de ces problèmes.

À l'heure actuelle, on parle beaucoup du pouvoir d'achat et de son cancer, l'inflation. Après un laps de temps déterminé, on veut restaurer son pouvoir d'achat rongé par l'inflation. Si cette dernière a été de 10%, on demande une augmentation de salaire de 10% pour ceux qui gagnent $8,000.00 et de 10% aussi pour ceux qui gagnent $50,000.00. La différence des salaires passe de $42,000.00 qu'elle était à $46,200.00. En somme, on conserve au riche le pouvoir de prendre des vacances dans le Sud chaque année et au pauvre le pouvoir de continuer à manger du steak haché de mauvaise qualité et des hot-dogs. Faut-il conserver à chacun son pouvoir d'achat ou plutôt le mieux proportionner sinon l'égaliser ? Voilà un problème de morale pour terriens et non pour martiens.

La radio, la télévision, les journaux ne parlent que de grèves. Les travailleurs se sont battus pour obtenir le droit de grève et ils l'ont conquis. Le problème est réglé ? non, les problèmes se posent. Mille problèmes se posent. Avec le droit de grève, l'idéal humain est-il atteint ? Est-il normal que des êtres intelligents règlent leurs problèmes par la force comme les bêtes féroces ? S'il faut momentanément user de la force, qui est justifié de le faire ? les pompiers ? les médecins ? les services publics ? Comment doivent-ils en user ? Les grèves que nous connaissons ne sont peut-être pas les plus efficaces. Il y en a sans doute de meilleures à inventer.

Bref, le droit de grève ne règle aucun problème moral : les problèmes moraux se posent quand on use de ce droit ; de même, le droit pour l'État d'enlever la vie d'un citoyen ne supprime aucun problème moral. Le problème moral se pose au moment où l'on veut user de ce droit. L'histoire regorge d'abus criants dans ce domaine. On a déjà enlevé la vie aussi facilement que le dessert aux enfants désobéissants. La peine de mort est-elle efficace ? Si oui, à qui faut-il l'imposer ? Pour quels crimes ? Et comment enlever la vie, si on décide de l'enlever ? Il existe des façons répugnantes de le faire. La peine de mort étant la pire de toutes, pourquoi l'aggraver par la manière d'enlever la vie ? La science a découvert d'autres moyens que la corde, la hache, le garrot, la guillotine ou l'électricité pour le faire. On semble l'oublier. Le châtiment ressemble à de la vengeance.

À cause du docteur Henry Morgentaler, entre autres, et du mouvement de libération de la femme, l'avortement a fait beaucoup parler. Ceux qui sont en faveur cherchent des arguments pour étayer leur thèse ; ceux qui sont contre en cherchent pour étayer la leur. La discussion est loin d'être close. Les arguments sont loin d'être au point.

Le cas de la jeune Karen Quinlan, maintenue en vie grâce à un respirateur, a fait rebondir le problème de l'euthanasie. À proprement parler, il ne s'agit pas d'euthanasie, l'euthanasie étant la théorie selon laquelle il est charitable et légitime de provoquer la mort de malades incurables dont la fin est proche, quand ils souffrent trop. Karen Quinlan ne souffre apparemment pas. Elle vit artificiellement grâce à un respirateur. Certains ont posé le problème en termes de droit : existe-t-il un droit à la mort ? La formule n'étant point familière, ils ont répondu que non. D'autres se sont dit : la mort est naturelle. En l'occurrence, ne faut-il pas laisser la nature suivre son cours ? Beau problème à clarifier.

Le majestueux Concorde, malgré sa vitesse, est rejoint par la morale. Les hommes se déplacent de plus en plus vite. Et parce qu'ils peuvent le faire, la plupart pensent qu'ils doivent le faire, qu'il convient de le faire. Eh bien, non. La science est en mesure d'inventer des choses et la technique de les fabriquer qui ne conviennent pas à l'homme. Il appartient à la morale d'en décider. Au nom de la morale, certaines inventions devraient passer directement du laboratoire au musée.

Comment oublier la drogue ? Certains la considèrent comme une des réalités dominantes de notre société contemporaine : la drogue, la violence, les multinationales, les grèves. Et le problème de la drogue n'en est point un de géométrie. Personne ne peut y apporter une solution mathématique, que tout le monde serait forcé d'accepter. Ce qui est bon pour l'un est mauvais pour l'autre ; ce qui est bon en petite quantité est mauvais en grande quantité ; ce qui est bon à l'occasion est mauvais quotidiennement. Problème touffu.

En parlant de la drogue, j'ai nommé la violence. On a beaucoup parlé, ces derniers temps (1975), de la violence au hockey. Certains s'étonnent (à tort ou à raison ?) que la police appréhende ceux qui se battent dans la rue et regarde insouciante ceux qui se battent sur la patinoire. Il y a des sports essentiellement violents, comme la boxe. Qu'est-ce que la morale doit en penser ? Que doit-elle penser de la violence étalée dans les journaux et projetée à la télévision ?

La nature a mis à la disposition des hommes des produits de toutes sortes pour subvenir à leurs multiples besoins : fruits, légumes, poissons, sucre, pétrole, vin. Par suite de la division de la terre en pays, certains gouvernements exercent un véritable monopole sur certains produits. Ont-ils le droit de faire chanter le reste du monde ? Redoutable problème.

Allons-nous passer la guerre sous silence ? Quand on sait tous les éloges qu'elle a reçue, on se demande si les hommes sont fous furieux ou s'ils ne parlaient pas d'une autre guerre. Condition du progrès, opération poétique, œuvre divine, source de paix, régénératrice de l'homme, voilà quelques-uns des éloges qu'on lui a adressés. Cependant, Paul VI aux Nations-Unies a insisté : « La guerre, jamais plus, jamais plus. » À l'époque des arbalètes, on parlait de *guerre juste*. Peut-on en parler encore à l'ère de la bombe atomique ? Qui dit *juste* dit égal, proportionné. Une faute et un châtiment peuvent être proportionnés ; mais quel crime serait proportionné à la bombe atomique ? Il semble qu'on ne puisse plus parler de guerre juste comme on en parlait jadis.

Un traité de morale qui voudrait faire le tour du champ de la morale comprendrait autant de tomes qu'une encyclopédie. À moins qu'on se contente, il va sans dire, d'aligner les réponses aux problèmes sans en détailler la solution. Encore là, il faudrait ajouter de nouveaux tomes pour résoudre les problèmes nouveaux. Il y a cinquante ans, le problème de la bombe atomique ne se posait pas, ni celui de la pilule, ni celui des transplantations cardiaques.

On peut faire de la géométrie une fois pour toutes ; on ne fait pas de la morale une fois pour toutes. La morale est une matière privilégiée de l'éducation permanente ; le recyclage s'y

impose constamment. Après avoir étudié les notions fondamentales, il faut soulever quelques problèmes particuliers faute de pouvoir les soulever tous. Leur étude se poursuivra la vie
durant.

# morale naturelle,
# morale catholique

Depuis que certains parents québécois demandent que leurs enfants soient dispensés des cours de religion, on entend de plus en plus souvent l'expression *morale naturelle*. L'épithète *naturelle* est accolée au mot *morale* pour dépouiller celle-ci de tout ce que lui apportait le catholicisme. La morale naturelle québécoise, c'est la morale qui évolue en marge du catholicisme et de ses dogmes. Pour définir la morale naturelle dans un autre pays, il faudrait parfois remplacer catholicisme par une autre religion : christianisme, judaïsme, bouddhisme, mahométisme, etc.

Dans l'esprit de certains catholiques, dépouiller la morale québécoise de son caractère catholique, c'est la ruiner tout simplement. Nous soulèverons donc deux questions qui, au fond, se ramènent à la même : qu'est-ce qu'on supprime quand on dit morale naturelle ? qu'est-ce qu'on ajoute quand on dit morale catholique ? Nous y répondrons en répondant à deux autres questions : comment enseigne-t-on la morale à des catholiques ? comment un catholique vit-il sa morale ?

Commençons par regarder vivre le catholique. Quand on croit à l'existence de Dieu, à l'immortalité de l'âme, à un au-delà de la mort où les bons seront récompensés et les mé-

chants punis ; quand on croit que l'Évangile est le vade-me-
cum du catholique et que l'Église en est l'interprète mandatée,
on se comporte différemment de celui qui ignore ces choses
ou n'y croit pas.

Celui qui croit à l'existence du purgatoire pratiquera la
tempérance et la sobriété, comme celui qui n'y croit pas, mais
il pourra la pratiquer différemment. Il est possible qu'il se prive
parfois, s'il a moins de feu dans le gosier qu'il n'en imagine
dans le purgatoire, d'un verre additionnel, que la raison lui
permettrait de prendre.

Celui qui croit en un jugement général, qui aura lieu à la
fin des temps et où il sera rendu à chacun selon ses véritables
mérites, pourra revendiquer ses droits avec moins d'opiniâtreté
que celui pour qui tout se termine avec la mort. Il pourra regarder d'un œil plus serein « la prospérité des méchants »,
comme on disait dans le passé.

Celui qui croit que Dieu a parlé aux hommes, que sa parole est consignée dans les Saintes Écritures, que l'Église en est
l'interprète autorisée, ne met pas sur le même pied un texte de
Jean-Paul Sartre et un texte émanant du Magistère de l'Église.
Les enquêtes sociologiques révèlent, d'ailleurs, une différence
de comportement entre les catholiques et ceux qui n'ont point
de religion face à la contraception, à l'avortement, au divorce,
par exemple.

Celui qui a reçu l'invitation du Christ à présenter la joue
gauche quand il a été frappé sur la droite ne pratiquera probablement pas la patience de la même manière que celui qui
ignore cette bizarre invitation. Ni celui à qui l'on a dit qu'il
faut aimer ses ennemis et prier pour ses persécuteurs. Quand
le Christ lance son célèbre mot : « Les païens n'en font-ils pas
autant ? » (c'est la morale naturelle), il invite ses disciples à faire davantage.

Bref, il est indéniable que la vie morale du catholique diffère de la vie morale de celui qui ne l'est point. Cela ne se voit pas toujours extérieurement. Comment savoir avec certitude qu'un catholique prie pour ses persécuteurs ? Comment savoir qu'un catholique aime ses ennemis ? On peut penser qu'il cherche habilement à les calmer. Comment savoir, s'il ne l'avoue pas, qu'un catholique suit l'enseignement de l'Église, qu'il s'applique à éviter l'enfer et à adoucir son purgatoire ?

L'enseignement de la morale va différer également. Quand on s'adresse à des marxistes, il est habile de leur citer Marx abondamment. Tout est beau, tout est bon, tout est vrai qui vient de Karl : même sa barbe touffue. Quand on s'adresse à des catholiques, il est de mise de leur citer Jésus-Christ. Les meilleurs arguments contre le divorce sont de peu de poids à côté de la parole sacrée : « Ne séparez pas ce que Dieu a uni. »

Un danger, cependant, guette les professeurs de morale catholique. Ce danger consiste à faire tellement appel à la foi de leurs auditeurs qu'ils négligent les considérations fondées uniquement sur la raison. L'homme est doué de raison et cette raison, il trouve normal de l'exercer même sur les choses qu'il croit fermement en vertu de sa foi. La foi catholique enseigne que l'âme est immortelle, d'accord, mais cette conviction ne dispense pas de chercher des raisons en faveur de cette immortalité.

Il fut un temps, au Québec, où l'on négligeait l'apport de la pauvre raison boiteuse. Toute autorité venait de Dieu ; on mangeait son pain à la sueur de son front ; on se multipliait pour faire la volonté de Dieu, etc. Le jour où l'on n'a plus cru que toute autorité venait de Dieu, on est devenu l'un des peuples les plus insubordonnés de la terre. On n'avait que des raisons religieuses d'accepter l'autorité et de s'y soumettre. Le jour où l'on n'a plus cru qu'il fallait gagner son pain à la sueur de son front, on a pensé qu'on suait pour les Anglais et les Américains. Le jour où l'on n'a plus cru qu'il fallait se multiplier et remplir la terre, on est devenu le peuple le plus stérile qui soit. Le jour où l'on n'a plus cru au mariage comme sacrement, on n'avait plus d'autre choix que le concubinage.

Nous avions du surnaturel une conception étrange. Le mot *surnaturel,* il faut bien l'avouer, prête à confusion. Les dictionnaires définissent le surnaturel comme ce qui est au-dessus de la nature. La foi est au-dessus de la raison, elle la dépasse. Par exemple, le mystère de la Sainte Trinité ne peut être percé par la raison ; il est au-dessus des forces de la raison. Cela n'empêche pas, néanmoins, que le surnaturel soit sur la nature comme la soupe sur la table. Le surnaturel ne flotte pas sur la nature comme un nuage. Il s'articule à la nature en la perfectionnant, comme la scie s'articule à la main pour la rendre capable d'opérations qui la dépassaient.

Celui qui croit à la vie éternelle travaille pour l'éternité, mais il ne néglige pas pour autant la moindre de ses tâches temporelles. Bien au contraire, c'est en les accomplissant mieux qu'il méritera une vie éternelle plus confortable. Il en est ainsi de la morale catholique par rapport à la morale dite naturelle. La première assume entièrement la seconde, comme la raison, dans l'homme, assume tout l'animal en le perfectionnant. Du fait qu'il est raisonnable, l'animal humain fait tout ce que peut l'animal et davantage.

En résumé, l'enseignement de la morale naturelle prépare à l'enseignement de la morale catholique, d'une part ; d'autre part, l'enseignement catholique de la morale doit intégrer toute la morale naturelle. Les notions fondamentales que nous avons exposées dans ces pages sont indispensables au catholique comme au non-catholique. L'un et l'autre doivent faire le bien et éviter le mal ; suivre leurs inclinations naturelles ; les régler sur leur raison ; obéir à leur conscience, etc.

Celui qui a suivi un cours de morale naturelle bien conçu n'a pas à revenir sur ses pas jusqu'à une bifurcation où il aurait le choix entre la route de la morale naturelle et celle de la morale catholique. Il n'aurait qu'à pousser plus avant sa marche. Le surnaturel prolonge le naturel en le perfectionnant ; il n'en efface rien.

# conclusion

À la lumière de notre expérience personnelle et d'exemples innombrables, taillés dans le tissu palpitant de la vie, nous avons cherché à redécouvrir les notions fondamentales de la morale. L'homme qui les possède est comparable à l'écolier qui sait ses tables. L'un et l'autre sont en mesure de s'adonner avec succès aux quatre opérations élémentaires de leur domaine respectif : addition, soustraction, multiplication et division, dans un cas ; prudence, justice, force et tempérance, dans l'autre cas.

Débrouiller les notions fondamentales de la morale, ce n'est pas de peu d'importance. « Le commencement est la moitié du tout », disaient les Anciens. En d'autres termes, une opération bien lancée est à moitié effectuée. La moindre erreur au départ, ajoutaient-ils, fait rater d'autant plus le but que ce dernier est plus éloigné. Nous qui sommes allés sur la lune et qui lançons des sondes vers les planètes les plus lointaines, en avons fait l'expérience. Eh bien, des notions fondamentales de la morale à la solution des problèmes particuliers, la route est aussi longue que de la terre aux planètes.

Ces notions élémentaires sont indispensables à la solution de n'importe quel problème de morale. Toutes sont importantes, mais il convient peut-être d'en souligner davantage encore quelques-unes en conclusion. La répétition n'est-elle pas l'âme de l'enseignement ? Disons donc encore une fois que la morale n'est point un colifichet ; elle est une dimension essentielle de l'homme, qui ne peut pas plus échapper à la morale qu'à la mort. Il vit dans la morale comme le poisson dans l'eau et l'oiseau dans l'air. Il peut lui arriver de rejeter une morale particulière, mais il ne saurait se passer de morale. Seuls les animaux, les végétaux et les minéraux vivent sans morale. Condamné à la liberté, l'homme est assujetti à la morale ; il n'y échappe que par la mort ou la folie.

La morale demande à l'homme de vivre conformément aux inclinations d'une nature qui n'a pas encore livré tous ses secrets. L'homme est toujours, jusqu'à un certain point, cet inconnu dont parlait Alexis Carrel. Connais-toi toi-même, claironnerait encore Socrate, car Dieu est toujours le seul à savoir ce qu'il y a dans l'homme, comme dit l'évangéliste saint Jean (II, 25). Il s'ensuit une évolution constante des règles de conduite qu'élabore et propose la morale. Cette évolution se fait au rythme de la connaissance croissante de la nature humaine. N'hésitons donc pas à le répéter : la morale a changé, elle change et elle changera.

L'action qu'elle entend régler, c'est l'action concrète, entourée de circonstances qui varient à l'infini. Il s'ensuit une diminution progressive de la certitude à mesure qu'on s'éloigne des grands principes pour s'approcher (il le faut bien) de la vie concrète, où se déroule l'action. À ce niveau, il n'y a plus de certitude : personne n'a jamais la certitude absolue qu'il fait ce qu'il devrait faire, quelque sainte que soit l'action qu'il accomplit. Affirmation troublante, mais pourtant inattaquable.

De plus, l'un juge bon, parfois, ce qui est mauvais ; un autre juge mauvais ce qui est bon. L'inaliénable responsabilité de l'homme oblige l'un et l'autre à faire le bien et à éviter le mal comme ils leur apparaissent à la lumière de leur raison. Il va de soi, cependant, que l'idéal, en morale, c'est d'en arriver à juger bon ce qui est bon, mauvais ce qui est mauvais. En d'autres mots, le bien moral devrait coïncider avec le bien réel. En attendant, l'homme est tenu d'éviter le bien qui lui apparaît comme un mal ; il peut faire le mal qui lui apparaît comme un bien. L'autorité de la conscience s'étend jusque-là.

Quant à la vertu morale bien comprise, elle n'a rien de rébarbatif : elle s'articule à l'inclination naturelle pour la perfectionner, comme la scie s'ajuste à la main pour la servir. Elle n'a rien de ce glacial chaperon que nous avons congédié. Et elle se tient en un juste milieu qui n'a rien à voir avec la médiocrité au sens péjoratif du terme. Ce juste milieu n'est rien d'autre que ce qui convient à un homme dans une situation déterminée. Il se situe tout naturellement entre ce qui serait trop et ce qui serait trop peu. Le juste milieu ne laisse personne sur son appétit.

La notion générale de vertu s'est ensuite incarnée sous nos yeux dans quatre grandes vertus, qui ont semblé indispensables à la bonne conduite de la vie : la prudence, la justice, la force et la tempérance. Chacune d'elles arme l'homme contre un ennemi de la raison : l'imprévoyance, la richesse, la peur et le plaisir. Ceux-là mêmes qui ne peuvent les appeler par leur nom vivent sous leur bienfaisante influence.

Enfin, nous avons réinstallé la loi à la place qui lui revient en morale. Un acte n'est pas automatiquement bon parce qu'il est conforme à la loi, ni mauvais parce qu'il lui est contraire. Aussi a-t-il fallu distinguer bien clairement le licite d'avec le moral. L'avortement ne devient point bon le jour où la loi le permet.

Chacun de nos efforts tendait à arracher à la morale son masque de croque-mitaine. Avec les progrès singuliers de la science et de la technique, la morale est devenue pour l'homme une question de vie ou de mort. Quand l'homme n'avait que son poing au bout du bras, on s'inquiétait peu de l'usage qu'il pouvait en faire ; maintenant qu'il a des armes redoutables dans la main, la situation est tout autre. L'importance du bon usage dépend des choses dont on use. Or, le bon usage des choses, il appartient précisément à la morale de l'enseigner.

Mais on entend souvent déplorer le retard que la morale accuse sur la technique. On voudrait que la morale grandisse à la manière d'une technique. C'est demander aux hommes d'une génération de continuer à croître à partir de la taille des hommes de la génération précédente. Physiquement et moralement, la nature veut que les hommes repartent à zéro. Graham Bell nous a légué le téléphone ; personne ne peut léguer son courage.

La morale est une sorte de rocher de Sisyphe. Le père a beau être parvenu au sommet de la tempérance ou du courage, le fils doit repartir au bas de la pente. Mais, pendant ce temps, pendant cette perte de temps voulue par la nature, les sciences et les techniques ne cessent de se perfectionner. Inutile de pleurer sur ces conditions de notre sort humain. D'ailleurs, il n'y a pas lieu de le faire. Ce prétendu retard de la morale sur la technique est la conclusion d'un sophisme. En effet, il ne faut pas plus de sobriété pour être sobre devant un tonneau de cognac que devant une bouteille. Parole d'évangile : « Celui qui est fidèle dans les petites choses le sera aussi dans les grandes. »

Une dernière réflexion pour notre génération, qui a sans cesse à la bouche un bien gros mot, *révolution*. Pour la plupart des gens, *révolution* ne signifie plus que passage du capitalisme au socialisme, voire au socialisme marxiste. Ce genre de révolution produit d'ordinaire une cruelle désillusion. C'est changer la piquette de cruche ; l'opération n'a jamais donné du champagne.

Nous serons sérieux, en matière de révolution, quand nous nous soulèverons non plus contre l'autre (capitaliste et exploiteur), mais contre nous-mêmes (terre-à-terre et exploitables). « La révolution sociale sera morale ou elle ne sera pas », criait Péguy. Bref, révolution bien ordonnée commence par soi-même.

# table des matières

Achevé d'imprimer à Montréal par Les Presses Élite,
pour le compte des Éditions Fides,
le vingt-quatrième jour du mois de mars de l'an
mil neuf cent soixante-dix-sept.

Dépôt légal — 1er trimestre 1977
Bibliothèque nationale du Québec